DEBATES
CONTEMPORÂNEOS
SOBRE A

ATIVIDADE NOTARIAL E REGISTRAL

DEBATES CONTEMPORÂNEOS SOBRE A ATIVIDADE NOTARIAL E REGISTRAL

ORGANIZAÇÃO
AMANDA TORQUATO DUARTE
RAFAEL SANTIAGO COSTA
SÉRGIO SANTOS RODRIGUES

1ª EDIÇÃO
SÃO PAULO • 2025

AMANUENSE

Edição: Rodrigo Haidar
Projeto gráfico: Luciana Huber

Dados Internacionais de Catalogação na Publicação (CIP)
(Câmara Brasileira do Livro, SP, Brasil)

Debates contemporâneos sobre a atividade notarial e registral / organização Amanda Torquato Duarte, Rafael Santiago Costa, Sérgio Santos Rodrigues. -- São Paulo : Amanuense, 2025.

Vários autores. Bibliografia.
ISBN 978-65-80788-46-0

1. Direito notarial e registral - Brasil I. Duarte, Amanda Torquato. II. Costa, Rafael Santiago. III. Rodrigues, Sérgio Santos.

25-271173 CDU-374.235.11(81)

Índices para catálogo sistemático:
1. Brasil : Direito notarial e direito registral 374.235.11(81)
Eliete Marques da Silva - Bibliotecária - CRB-8/9380

AMANUENSE

Amanuense Livros Ltda.
Rua Nilo 241, Sala 02 – CEP 01533-010 São Paulo SP
contato@amanuense.com.br
www.amanuense.com.br

ARTICULISTAS

Sérgio Santos Rodrigues é advogado, mestre em Direito pela Faculdade Milton Campos (MG) e doutorando em Direito pela Universidade Autónoma de Lisboa, em Portugal. Atuou como professor na Escola Superior Dom Helder Câmara e na Universidade Fumec, ministrando disciplinas como Direito Empresarial, Direito Desportivo (graduação e pós-graduação), Direito do Consumidor e Teoria Geral do Direito. É autor dos livros Comentários ao Estatuto de Defesa do Torcedor, O Direito Passado a Limpo, Tópicos de Direito Municipal – Vols. 1 e 2 e Manual de Direito Desportivo. Exerceu os cargos de Conselheiro Seccional da OAB/MG (2016–2018) e de Conselheiro Federal da OAB (2013–2015).

Amanda Torquato Duarte é advogada e sócia do escritório Santos Rodrigues, Santiago e Tonello Sociedade de Advogados. Pós-graduada em Advocacia Pública pela Escola Superior de Advocacia de Minas Gerais, atua nas áreas de Direito Municipal, Direito Eleitoral e Direito Notarial e Registral. É Presidente da Comissão de Direito Notarial e Registral da OAB/MG para o triênio 2025–2027.

Rafael Santiago Costa é advogado, sócio do escritório Santos Rodrigues, Santiago e Tonello Sociedade de Advogados. Mestre em Direito Ambiental e Políticas Públicas pela Universidade Federal do Amapá (2013). Possui pós-graduação em Advocacia Pública pelo Instituto para o Desenvolvimento Democrático – IDDE (2015) e em Docência do Ensino Superior pela Faculdade de Tecnologia do Amapá (2011). É Conselheiro Titular da 2ª Câmara do Conselho de Recursos Tributários do CART-Belo Horizonte. Atua como professor em cursos de pós-graduação e programas de curta duração em Belo Horizonte, ministrados por diversas instituições, como PUC Minas (LL.M em Direito Tributário), Centro de Estudos em Direito e Negócios – CEDIN (Tributação e Compliance Previdenciário), Instituto de Estudos Previdenciários – IEPREV (Advocacia Empresarial Previdenciária) e IDDE (Pós-Graduação em Direito Público).

Alexandre Ramos Souza é advogado, mestrando em Direito Constitucional (IDP), consultor jurídico da presidência da OAB/MG. Ex-chefe de gabinete e ex-secretário-geral da presidência do Tribunal de Justiça de Minas Gerais. Graduado pela Faculdade de Direito Milton Campos.

Danilo Diego Ramos de Almeida é advogado e sócio do escritório Santos Rodrigues, Santiago e Tonello Sociedade de Advogados. Atua na área de Direito Civil, com ênfase em responsabilidade civil, Direito do Trabalho e Direito da Saúde.

Bernardo Pastorini Pires é advogado e sócio do escritório Santos Rodrigues, Santiago e Tonello Sociedade de Advogados. Especialista em Direito Imobiliário pela Pontifícia Universidade Católica de Minas Gerais (PUC Minas) e membro do Instituto Brasileiro de Direito Imobiliário – IBRADIM.

Sávio Luiz Martins Pereira é advogado, sócio no Santos Rodrigues, Santiago e Tonello Sociedade de Advogados. Especialista em Direito Processual Civil pela Escola Superior da Advocacia de Minas Gerais e membro das Comissões Estaduais de Proteção de Dados, de Direito Digital, de Saúde Suplementar e de Direito Médico, da OAB/MG.

Yara Jordânia Alves é advogada e sócia do escritório Santos Rodrigues, Santiago e Tonello Sociedade de Advogados. Bacharel em Direito pelo Centro Universitário Newton Paiva, em Belo Horizonte.

Matheus David Silva é advogado no escritório Santos Rodrigues, Santiago e Tonello Sociedade de Advogados. Graduado em Direito pela Universidade Federal de Viçosa (UFV). Pós-graduando em Direito Administrativo pela Pontifícia Universidade Católica de Minas Gerais (PUC Minas).

Silvia Barbosa Junqueira é advogada e sócia do escritório Santos Rodrigues, Santiago e Tonello Sociedade de Advogados. Especialista em Direito Contratual pela Universidade Federal de Pernambuco (UFPE) e em Direito Tributário pela Pontifícia Universidade Católica de Minas Gerais (PUC Minas). É membro da Comissão de Direito Empresarial da OAB/MG.

SUMÁRIO

PREFÁCIO

DEBATES CONTEMPORÂNEOS SOBRE A ATIVIDADE NOTARIAL E REGISTRAL, obra organizada por Amanda Torquato Duarte, Rafael Santiago Costa e Sérgio Santos Rodrigues, vem a lume como resposta à evolução do direito e, paralelamente, à incessante busca de caminhos para o aprimoramento dos serviços extrajudiciais sob a ótica dos aspectos técnico-jurídicos e éticos que os orientam.

O livro reúne uma seleção de artigos que representam uma construção jurídica inovadora, sobretudo no sentido da modernização e desburocratização dos serviços extrajudiciais.

Aborda temas cruciais como a legitimidade recursal dos oficiais de registro e suscitação de dúvida; a necessidade e justificativa da valorização do procedimento de suscitação de dúvidas; a responsabilidade civil dos tabeliães e registradores a partir do julgamento do Tema 777 pelo STF; a averbação premonitória como instrumento de eficácia das execuções; a regularização fundiária urbana; a atuação de tabeliães de notas como mediadores, conciliadores ou árbitros; a ampliação da desjudicialização do direito de família; a retificação extrajudicial em cartórios de registro civil e registro de imóveis; a busca e apreensão extrajudicial em contratos de alienação fiduciária; e o E-notariado e sistemas eletrônicos facilitadores dos procedimentos.

Em um cenário de desjudicialização crescente, esta obra é um guia indispensável para aqueles que desejam expandir competências e potencializar os impactos positivos das alterações legislativas e jurisprudenciais e das ferramentas digitais sobre os processos de trabalho. A obra alerta para os desafios da modernidade no Estado Democrático de Direito, propondo a exegese sistêmica do texto constitucional e legal e, de forma pragmática, a implementação de ambientes inteligentes para superar a burocracia. A recomendação é clara: conhecimento, transformação digital, celeridade, segurança e eficiência.

Participam da construção deste trabalho notáveis profissionais da área jurídica que nos convocam a repensar os serviços cartorários não apenas do ponto de vista institucional mas também em relação às formas, às abordagens, aos fins e às prioridades.

Os autores, renomados profissionais da área jurídica, provocam reflexões sobre a necessidade de adaptação dos serviços registrais e notariais aos novos tempos. Ao promoverem a releitura de toda a proposta constitucional e legal pertinente à matéria, tratam dessas atividades na perspectiva da evolução dos fatos sociais.

Na verdade, o leitor se verá diante de articulistas à frente de seu tempo, de discernimento apurado na compreensão do diferente e do novo, os quais não abrem mão da tarefa de dar à legislação que disciplina a matéria dimensão que atenda aos fins sociais e ao bem comum.

Devo destacar a polifonia da obra. As leis, a doutrina e a jurisprudência dialogam para enfrentar as muitas indagações sobre as tendências da atividade registral e notarial no mundo contemporâneo.

Como esta obra pode impactar nossa visão sobre os serviços extrajudiciais? O que caracteriza a eficiência e modernização dos processos? Como a prática registral e notarial se transformou ao longo dos anos? Quais são os desafios enfrentados pelos profissionais da área?

Convido você, leitor, a entrar no debate e a descobrir as respostas a essas e a tantas outras questões.

Boa leitura!

João Otávio de Noronha
MINISTRO DO SUPERIOR TRIBUNAL DE JUSTIÇA

A LEGITIMIDADE RECURSAL DOS OFICIAIS DE REGISTRO NA SUSCITAÇÃO DE DÚVIDA

SÉRGIO SANTOS RODRIGUES
E AMANDA TORQUATO DUARTE

INTRODUÇÃO

A qualificação registral consiste no dever atribuído aos Oficiais de Registro de analisar os títulos apresentados pelos usuários, a fim de verificar sua conformidade antes do seu ingresso nos assentamentos públicos.

Essa avaliação está em consonância com os princípios que orientam a atividade pública delegada pelo Estado ao particular – legalidade, publicidade, segurança e eficácia dos atos jurídicos –, porquanto dela se originam direitos e se estabilizam relações imobiliárias, promovendo a confiabilidade das pessoas e do mercado.

Contudo, não é incomum a discordância quanto ao posicionamento apresentado pelos delegatários do serviço público. Nesses casos, prevê a legislação instrumento específico para questionar a pertinência das exigências e recusas na efetivação do ato registral: a chamada suscitação de dúvida, disciplinada pelo art. 198 da Lei 6.015/73 (Lei de Registros Públicos).

Esse instrumento inaugura procedimento administrativo para revisão do título e da posição do Oficial de Registro. O rito está descrito no § 1º do art. 198 e dispositivos seguintes da Lei de Registros Públicos, culminando na procedência ou improcedência da dúvida, com a possibilidade de recurso da sentença terminativa.

É justamente em relação a esse momento processual – fase recursal – que se concentra o foco do presente artigo, que visa analisar o papel desempenhado por esses delegatários do serviço público, caso a dúvida seja improcedente, ou, em outras palavras, haja oposição do juiz ao seu pronunciamento sobre o título.

Surgem, então, os seguintes questionamentos: cabe ao Oficial de Registro o papel de agente submisso a toda e qualquer sentença proferida em procedimento de suscitação de dúvida? Está ele efetivamente excluído do rol de legitimados para interpor recurso contra a decisão desse procedimento?

São essas as questões centrais que embasam o presente estudo, pautado especialmente na análise da evolução do posicionamento do Eg. Tribunal de Justiça de Minas Gerais sobre o assunto.

I. SUSCITAÇÃO DE DÚVIDA: CONCEITO E NATUREZA JURÍDICA

A suscitação de dúvida é o procedimento indicado para solucionar o impasse entre o usuário e o Oficial de Registro quando ocorre juízo negativo do título submetido à qualificação registral. Sobre esse instrumento, comenta Walter Ceneviva (2010, p. 507):

> Dúvida é pedido de natureza administrativa, formulado pelo oficial, a requerimento do apresentante do título imobiliário, para que o juiz competente decida sobre a legitimidade da exigência feita, como condição de registro pretendido.

O caráter administrativo da medida está expresso no art. 204, da Lei 6.015/73, que dispõe: *"a decisão da dúvida tem natureza administrativa e não impede o uso do processo contencioso competente"*. Dessa forma, instaura-se atividade atípica do Poder Judiciário, que, ao invés de resolver litígios típicos de ações judiciais, tem a função de revisar a posição do Oficial de Registro.

O procedimento contempla, de maneira geral, o requerimento do usuário para encaminhamento das exigências ao Juízo competente, a explicação do Oficial de Registro sobre as razões que levaram à impossibilidade de imediato registro do título e a notificação do apresentante para impugnação, no prazo de 15 dias.

Caso a dúvida seja impugnada, será encaminhada ao Ministério Público para parecer no prazo de 10 dias. No entanto, como esclarece Walter Ceneviva: *"se a parte não responder, os autos irão imediatamente ao juiz, para que este decida, independentemente de manifestação do Ministério Público, exigida antes da sentença quando haja impugnação"* (2010, p. 514).

Com efeito, denota-se que tanto a norma, como a doutrina denominam como sentença a decisão que julga a dúvida registral, prevendo a apelação como recurso específico para revisão da matéria em instância hierarquicamente superior. Assim, há previsão legal que garante o duplo grau de jurisdição nos procedimentos de suscitação de dúvida.

2. LEGITIMIDADE E INTERESSE RECURSAL: CONCEITOS INTERCAMBIÁVEIS

Dado que existe previsão para interposição de recurso, é fundamental compreender os requisitos da legitimidade e do interesse recursal. O art. 17 da Lei 13.105/15 (Código de Processo Civil) estabelece que *"para postular em juízo é necessário ter interesse e legitimidade"*. Nesse sentido, Leonardo Carneiro da Cunha esclarece que *"não havendo mais a categoria 'condições da ação', a legitimidade e o interesse passam a integrar o juízo de admissibilidade do processo, havendo apenas pressupostos processuais e mérito."* (2011, p. 227-235).

Esses conceitos, na realidade, são intercambiáveis, pois não se pode falar em legitimidade sem a demonstração do interesse em influir na definição do objeto em análise pela autoridade competente, seja em sua função administrativa, seja em sua função judicial. Em outros termos, exige-se a utilidade da decisão e, nas fases recursais, a comprovação do próprio interesse na revisão do pronunciamento sobre determinado tema. Confira-se explicação de Marco Félix Jobim (2019, p. 77-104):

Quanto ao interesse recursal, o mesmo resta caracterizado, em regra, pela utilidade que a parte possa extrair do instrumento impugnativo, na maioria das vezes, relacionado à ideia de sucumbência, ou seja, ostenta interesse em recorrer àquele a quem o recurso aproveitaria caso provido, melhorando a situação diante da decisão judicial lhe é desfavorável. Dessa forma, a regra é: quem sai vencido na demanda possui interesse recursal, pois é a esta parte que o recurso apresenta alguma utilidade.

Embora essa referência seja a mais usual, não é crível que a legitimidade e o interesse sejam tratados como conceitos rígidos e estáticos, especialmente quando o novo regime processual apresenta regras mais flexíveis, voltadas à garantia da primazia da realidade, à avaliação do mérito das questões jurídicas e, ainda, ao equilíbrio e à justiça das decisões.

Até porque, não se pode negar a importância das deliberações, mesmo as que não possuam caráter vinculante, visto que tendem a influenciar a resolução de outros processos que versem sobre a mesma matéria. Como destacou Lucas Buril Macêdo *"manter a noção então reinante de interesse recursal não pode servir senão à institutição de um direito processual civil autoritário, infenso à democracia"*. Além disso, ponderou:

> No entanto, as características já expostas do processo civil contemporâneo fazem com que os atos de poder do Judiciário não sejam relevantes apenas para o indivíduo que terá seu caso decidido, mas, sim, tornam-se relevantes para tantos outros, que possuem questões jurídicas semelhantes – ou mesmo juridicamente idênticas – a serem solucionadas, de modo determinante, em seus respectivos casos. Isso faz com que a decisão do caso, com a consequente formação do precedente, seja de seu especial interesse: uma vez formado o precedente, especialmente nos procedimentos concentrados para essa finalidade, torna-se muito difícil conseguir uma distinção e, mais ainda, uma superação.
>
> (...)
>
> Esse interesse recursal dá-se na medida em que se pode contribuir, objetivamente, para a ampliação do debate. O interesse, no ponto, torna-se ainda mais distante da legitimidade. Enquanto, para se ter legitimidade, bastará se tratar de pessoa sujeita à eficácia do precedente, para existir o interesse de agir ou recursal será fundamental poder contribuir para

> o debate, trazendo, objetivamente, alguma razão nova para que a decisão seja tomada no sentido defendido pelo legitimado. O interesse estará presente, única e exclusivamente, quando houver uma contribuição ao debate, mediante a invocação de novas razões. (2018, p. 165-209)

Essas reflexões são essenciais para a compreensão dos institutos processuais de interesse e legitimidade, que, aplicados para a fase recursal, ampliam o espectro de legitimados a buscarem a avaliação meritória da situações fáticas, possibilitando a revisão e a construção de deliberações mais assertivas para situações que impactam diretamente na definição de posturas e casos futuros.

3. CARÁTER ABERTO DO ART. 202 DA LEI DE REGISTROS PÚBLICOS

No âmbito da suscitação de dúvida, a compreensão mencionada acima ganha ainda maior importância, considerando que, assim como na legislação processual civil, foi estabelecido que o recurso pode ser interposto pelo interessado, o Ministério Público e o terceiro prejudicado. Confira-se redação do art. 202, da Lei 6.015/73:

> Art. 202 – Da sentença, poderão interpor apelação, com os efeitos devolutivo e suspensivo, o interessado, o Ministério Público e o terceiro prejudicado.

Como se percebe, o legislador ordinário não trouxe a definição do que seria o terceiro prejudicado, cabendo ao intérprete suprir o caráter aberto do dispositivo e qualificar quem pode ser enquadrado como tal. Sob a ótica da legislação processual civilista, manifestou-se a Exma. Ministra Nancy Andrighi, do Eg. Superior Tribunal de Justiça, no julgamento do Recurso Especial 1.842.442:

> Para que o terceiro interfira no processo por meio de recurso, entendia-se necessário, no bojo do CPC/73, a demonstração do nexo de interdependência entre o interesse do terceiro de intervir e a relação jurídica submetida à apreciação judicial (art. 499, § 1º). Isso significava dizer que era necessária a demonstração de uma relação jurídica com o vencido que pudesse sofrer prejuízo para que se admitisse a interposição de recurso pelo terceiro.

> Com efeito, já decidiu esta Corte Superior que o terceiro prejudicado, legitimado a recorrer por força do nexo de interdependência com a relação sub judice (art. 499, § 1º, do CPC/73), é aquele que sofre um prejuízo na sua relação jurídica em razão da decisão (REsp 1.091.710/PR, Corte Especial, DJe 25/03/2011)
>
> Em outras palavras, para que fosse admissível o recurso de pessoa estranha à relação jurídico-processual já estabelecida, seria necessária a demonstração do prejuízo sofrido em razão da decisão judicial, ou seja, o terceiro deveria demonstrar seu interesse recursal, caracterizado pelo binômio "necessidade – utilidade" do recurso. Referido interesse, frise-se, deve ser jurídico, não se admitindo o recurso do terceiro prejudicado quando seu interesse é meramente econômico (REsp 1.319.626/MG, 3ª Turma, DJe 05/03/2013).
>
> Com a vigência do novo Código de Processo Civil, houve alteração na redação do mencionado dispositivo legal, passando-se a exigir, em verdade, a demonstração da possibilidade de a decisão sobre a relação jurídica submetida à apreciação judicial atingir direito de que se afirme titular o terceiro. (Terceira Turma, julgamento em 23/06/2020).

Assim, está evidente que o atual Código de Processo Civil ampliou a possibilidade de intervenção de terceiros em comparação ao diploma processual anterior, ao deixar de considerar a interdependência entre duas relações jurídicas e passar a exigir a demonstração da repercussão do resultado de mérito sobre o interesse do terceiro.

Ainda assim, essa abordagem não impactou de forma clara a questão dos legitimados recursais no procedimento de suscitação de dúvida, regido pela Lei 6.015/73.

4. POSICIONAMENTO DOS TRIBUNAIS ESTADUAIS

Por essa razão, por muito tempo, aplicou-se o entendimento restritivo de que os Oficiais de Registro, por se tratarem de agentes imparciais, não possuíam legitimidade e interesse na resolução da suscitação de dúvida. Sua participação limitar-se-ia a instruir e encaminhar a dúvida ao Poder Judiciário, em estrito cumprimento de seu dever funcional. Assim, não poderiam ser considerados terceiros interessados, uma vez que não seriam prejudicados pela decisão. Como exemplo, confiram-se precedentes oriundos de diferentes Tribunais Estaduais:

> SUSCITAÇÃO DE DÚVIDA INVERSA. POSSIBILIDADE. (...) RECURSO INTERPOSTO PELA REGISTRADORA. INADMISSIBILIDADE. (...) . O art. 202 da Lei de Registros Publicos, além de disciplinar que a apelação é o recurso adequado para atacar a decisão que resolve procedimento de suscitação de dúvida, elenca, mediante rol taxativo, quais as partes com legitimação para recorrer, nele não se incluindo a figura do registrador. Por isso, "ao verificar que o registrador suscitante não tem legitimidade para recorrer das decisões proferidas nos procedimentos de dúvida, muitas vezes e indiretamente o órgão do Ministério Público vem em seu auxilio ao recorrer de decisões que possam colidir frontalmente com a sistemática do registro." (Nicolau Balbino Filho, Direito Imoiliário Registral: São Paulo: Saraiva, 2001, p. 134/135). (TJSC – Apelação Cível 0000208-39.2011.8.24.0071, Relator: Jorge Luis Costa Beber, 2ª Câmara de Direito Civil, Data de Julgamento: 29/09/2016)

> APELAÇÃO CÍVEL INTERPOSTA PELO OFICIAL REGISTRADOR EM SUSCITAÇÃO DE DÚVIDA INVERSA – PROCEDIMENTO ADMINISTRATIVO COM O ESCOPO DE DIRIMIR DÚVIDA DA PARTE COM RELAÇÃO À ATUAÇÃO DO OFICIAL DO REGISTRO – AUSÊNCIA DE LEGITIMIDADE – RECURSO NÃO CONHECIDO. I – A suscitação de dúvida pelos oficiais de registro constitui procedimento administrativo, que tem por objeto solucionar incertezas referentes a solicitações de registros. Com efeito a chamada "dúvida inversa", como ocorre na hipótese, dá-se pela parte e dirige-se ao juiz, face o descabimento da recusa do serventuário. II – A teor do que dispõe o at. 202 da Lei de Registros Publicos, a legitimidade para interpor recurso contra decisão proferida em suscitação de dúvida inversa limita-se à parte interessada, ao Ministério Público ou ao terceiro prejudicado, não possuindo o Oficial de Registro legitimidade para se insurgir contra a decisão proferida pelo Juiz Diretor do Foro local. (TJMS – Apelação Cível 0001127-86.2017.8.12.0027 Relator: Des. Marco André Nogueira Hanson, 3ª Câmara Cível, Data de Publicação: 19/06/2018)

> APELAÇÃO CÍVEL – PROCEDIMENTO DE SUSCITAÇÃO DE DÚVIDA – OFICIAL CARTORÁRIO – ILEGITIMIDADE RECURSAL – ARTIGO 202 DA LEI 6.015/73 – NÃO CONHECIMENTO DA APELAÇÃO – DECISÃO UNÂNIME. 1. O oficial registrador não detém legitimidade para interpor recurso de apelação contra sentença proferida em suscitação de dúvida, a teor do art. 202, parágrafo único, da Lei 6.015/73. 2. Incumbe ao Oficial do Registro de Imóveis tão somente o cumprimento da ordem judicial, porquanto lhe compete agir no estrito cumprimento dos deveres que lhe são impostos no art. 30 da Lei 8.935/94. 3. Recurso não conhecido (TJPA – Apelação Cível 0422724-77.2016.8.14.0301, Relator: Roberto Gonçalves de Moura, 1ª Turma de Direito Público, Data de julgamento: 22/06/2020)

A orientação do Tribunal de Justiça de Minas Gerais acompanhava os mesmos parâmetros ao aplicar, de forma quase automática, o entendimento de que a decisão final do procedimento de dúvida pouca importava aos delegatórios do serviço público, que deveriam apenas cumprir ou abster-se de cumprir as determinações relacionadas ao título, objeto do procedimento. Nesse sentido, citem-se julgados exemplificativos:

> APELAÇÃO CÍVEL. SUSCITAÇÃO DE DÚVIDA. ILEGITIMIDADE RECURSAL DO OFICIAL DE REGISTRO. (...) 1. Oficial de Registro não possui legitimidade para interpor recurso de apelação contra sentença que aprecia procedimento de suscitação de dúvida, pois a norma inserta no art. 202, da Lei 6.015/73, confere legitimidade recursal apenas ao interessado, ao Ministério Público e ao terceiro prejudicado. 2. A ausência de legitimidade recursal, requisito subjetivo de admissibilidade do recurso de apelação, obsta seu conhecimento. (TJMG – Apelação Cível 5002480-45.2017.8.13.0481, Relator: Des. Bitencourt Marcondes, 1ª Câmara Cível, Data de Julgamento: 04/12/2018)

> APELAÇÃO – PROCEDIMENTO DE SUSCITAÇÃO DE DÚVIDA – OFICIAL CARTORÁRIO – ILEGITIMIDADE RECURSAL – ART. 202 DA LEI 6.015/73 – NÃO CONHECIMENTO DA APELAÇÃO. O oficial registrador não detém legitimidade para interpor recurso de apelação contra sentença proferida em suscitação de dúvida, a teor do art. 202, parágrafo único da Lei 6015/73 -Incumbe, ao Oficial

do Registro de imóveis, tão-somente, o cumprimento da ordem judicial, porquanto lhe compete agir no estrito cumprimento dos deveres que lhe é imposto no art. 30 da Lei 8935/94. Recurso não conhecido. (TJMG – Apelação Cível 1.0155.17.000669-8/001, Relatora: Yeda Athias, 6ª Câmara Cível, Data de Julgamento: 30/04/2019)

Portanto, o resultado preponderante, assim como em outros Tribunais[1], era o reconhecimento da ilegitimidade recursal do Oficial de Registro.

5. EVOLUÇÃO DO ENTENDIMENTO: CÂMARAS ESPECIALIZADAS DO TRIBUNAL DE JUSTIÇA DE MINAS GERAIS

Apesar da força dessa diretriz, que ainda reverbera em muitos Tribunais, é possível perceber e sustentar a evolução do entendimento no Eg. Tribunal de Justiça de Minas Gerais, especialmente com a criação e funcionamento das Câmaras Especializadas em Registros Públicos.

Isso porque, embora exista o entendimento de que os delegatários do serviço público são agentes imparciais e equidistantes ao mérito da suscitação de dúvida, não se perde de vista que eles também possuem o dever de zelar pela correta aplicação do direito, especialmente em situações que envolvem divergências relacionadas à arrecadação tributária.

Esse pode-dever os retira da posição de meros agentes instrumentalizadores de documentos, colocando-os como atores ativos e indispensáveis na construção de interpretações mais precisas sobre os temas atinentes ao serviço extrajudicial.

1 O próprio Superior Tribunal de Justiça mantinha essa interpretação ao deixar de apreciar recursos especiais interpostos em suscitação de dúvida, como exemplifica a ementa a seguir: *"PROCEDIMENTO DE DÚVIDA REGISTRAL (LRP, ART. 198, II). NATUREZA ADMINISTRATIVA (LRP, ART. 204). RECURSO ESPECIAL. DESCABIMENTO. DECISÃO MANTIDA. 1. O procedimento de dúvida registral, previsto no art. 198 e seguintes da Lei de Registros Públicos, tem, por força de expressa previsão legal (LRP, art. 204), natureza administrativa, não qualificando prestação jurisdicional. 2. Conforme entendimento firmado pela Segunda Seção do STJ, "não cabe recurso especial contra decisão proferida em procedimento administrativo, afigurando-se irrelevantes a existência de litigiosidade ou o fato de o julgamento emanar de órgão do Poder Judiciário, em função atípica". (REsp 1570655/GO, julgado em 23/11/2016, DJe 09/12/2016) 3. Agravo interno a que se nega provimento."*(AgInt no AREsp n. 1.885.238/MG, Relator: Min. Antonio Carlos Ferreira, Quarta Turma, julgado em 28/03/2022).

Sob essa ótica, insistiu-se na ampliação do debate e no reconhecimento dos delegatários como verdadeiros terceiros prejudicados, uma vez que, a toda evidência, representam o Estado e, na maioria dos casos, têm a responsabilidade de proteger e resguardar o posicionamento que melhor favoreça o interesse público.

Essa interpretação já encontrava amparo no parágrafo único do art. 131 do Provimento Conjunto 260/CGJ/2013 do Eg. Tribunal de Justiça de Minas Gerais, que consolidou, sistematizou e uniformizou normas e procedimentos dos serviços extrajudiciais em funcionamento nos 853 municípios de Minas Gerais.

Idêntica redação foi mantida no parágrafo único do art. 157, do atual Provimento 93/CGJ/2020, que estabelece: *"o tabelião ou oficial de registro também poderá ser considerado terceiro prejudicado, fundamentando seu interesse."*

Assim, com a criação das Câmaras Especializadas em Registros Públicos – 16ª e 21ª Câmara Cível –, por meio da Resolução 977/2021, o Eg. Tribunal Mineiro reposicionou-se sobre o assunto. Ambos os Colegiados, em consonância com o Código de Normas dos Serviços Notariais e de Registro, confirmaram ser possível considerar o tabelião ou oficial de registro como terceiro prejudicado e legitimado recursal em procedimento de suscitação de dúvida, quando comprovado o interesse na causa. Confiram-se ementas recentes nesse sentido:

> APELAÇÃO CÍVEL – SUSCITAÇÃO DE DÚVIDA – LEGITIMIDADE RECURSAL DO REGISTRADOR – ACOLHIDA – REGISTRO DE FORMAL DE PARTILHA – INDICAÇÃO NO PLANO APENAS DE METADE DO BEM IMÓVEL – PARTE CORRESPONDENTE À HERANÇA – LEGALIDADE (...) 1. Demonstrado o interesse jurídico do oficial registrador, notadamente quanto à regularidade do ato registral por ele produzido, gerador de fé pública, deve ser reconhecida sua legitimidade recursal (art. 157, parágrafo único, Provimento CGJ 93/2020). (Apelação Cível 1.0000.21.051229-9/001, Rel. Des. Tiago Gomes de Carvalho Pinto, 16ª Câmara Cível Especializada, julgamento em 02.08.2023)

> APELAÇÃO CÍVEL – SUSCITAÇÃO DE DÚVIDA – RECURSO DE APELAÇÃO – INTERPOSIÇÃO PELO OFICIAL REGISTRADOR – LEGITIMIDADE RECURSAL – RECONHECIMENTO – ANÁLISE DO CASO CONCRETO – RECURSO AO QUAL SE DÁ PROVIMENTO. 1. O registrador, como agente público, deve zelar pelo serviço por ele prestado, sempre buscando a regularidade do registro que lhe foi pleiteado em razão do interesse público, e não por questões pessoais. 2. Existe a possibilidade do tabelião ou oficial de registro ser considerado terceiro prejudicado, desde que fundamente seu interesse no caso concreto, possuindo, dessa forma, legitimidade para interpor recurso de apelação, nos termos do art. 157, parágrafo único, do Provimento Conjunto 93, de 2020, que regulamentou o Código de Normas dos Serviços Notariais e de Registros do Estado de Minas Gerais. (Des. MR) (...) (Agravo Interno 1.0000.22.195737-6/002, Rel. Des. Adriano de Mesquita Carneiro, Rel. para o acórdão: Des. Marcelo Rodrigues, 21ª Câmara Cível Especializada, julgamento em 27.09.2023)

Do último precedente, destaca-se o posicionamento do Exmo. Des. Marcelo Rodrigues, reconhecido especialista na área de Direito Notarial e Registral:

> De fato, existe a possibilidade do tabelião ou oficial de registro ser considerado terceiro prejudicado, desde que fundamente seu interesse no caso concreto. Diga-se que essa previsão fora igualmente adotada em vários outros estados da federação pelas respectivas corregedorias gerais de Justiça.
>
> No que nos interessa perceber, o apelante, oficial registrador de imóveis da Comarca de Alfenas, observou em sua qualificação, a partir do protocolo de escritura pública de compra e venda de imóvel, que o valor declarado pelas partes na mencionada avença, com reflexos diretos no recolhimento dos emolumentos e taxa judiciária, fora estimado abaixo do valor de mercado da região, no tocante ao bem a que se refere o negócio jurídico, o que, seguramente, gera recolhimento à menor dos valores devidos aos Tesouros Federal, Estadual e Municipal.
>
> Emolumentos e taxa judiciária compreendem espécies de tributo, segundo definiu o STF, designadamente a respeito da natureza jurídica dos emolumentos [ADI 3.643/RJ, 2006].

> Desta feita, o registrador, como agente público, deve zelar pelo serviço por ele prestado, sempre buscando a regularidade do registro que lhe foi pleiteado em razão do interesse público, e não por questões pessoais.
> Acresce-se que no caso em análise, o Dr. Promotor de Justiça, na condição de Curador de Registros Públicos, quedou-se inerte.
> Conclui-se, nessa angulação, evidenciado o interesse de caráter público na atuação do diligente oficial registrador no desemprenho de seu múnus igualmente público, dado que se trata do exercício de atividade de indisfarçável índole pública delegada pelo estado, voltada, em acréscimo, à efetividade do princípio da juridicidade.
> E, sobre o tema, cumpre destacar a normativa do art. 289 da Lei dos Registros Públicos; a saber:
> Art. 289. No exercício de suas funções, cumpre aos oficiais de registro fazer rigorosa fiscalização do pagamento dos impostos devidos por força dos atos que lhes forem apresentados em razão do ofício.

O Exmo. Des. José Eustáquio Lucas Pereira também se posicionou: *"em razão da natureza tributária dos emolumentos e da taxa judiciária, por óbvio, a cobrança nos valores corretos é de interesse público, principalmente porque parte deste montante é destinado aos entes da federação, sejam eles municipais, estaduais ou federais"*.

Dessa forma, não há dúvidas quanto ao papel fundamental dos delegatários do serviço público na proteção do interesse coletivo, que não deve ser automaticamente restringido por barreiras processuais em todas as situações.

6. REFLEXÕES ADICIONAIS

No entanto, não se está a defender – e nem é o que condiz com o atual entendimento do Eg. Tribunal de Justiça de Minas Gerais – a legitimidade dos Oficiais de Registro para toda e qualquer situação abordada em suscitação de dúvida. Questões relacionadas à apresentação de documentos para perfeita identificação do imóvel na matrícula ou à qualificação das pessoas presentes no título são exemplos de temas que não justificariam a legitimação recursal dos Oficiais de Registro.

Por outro lado, casos complexos, que impactam diretamente na arrecadação e no recolhimento tributário, são exemplos claros que os qualificam como terceiros interessados. Justamente porque, conforme o art. 28, da Lei 8.935/94, os delegatários do serviço público têm direito à percepção dos emolumentos integrais pelos atos praticado na serventia.

Além disso, são responsáveis pelo correto recolhimento da Taxa de Fiscalização Judiciária, podendo ser responsabilizados não apenas de forma disciplinar, mas também em outras esferas jurídicas, caso sejam omissos em seus deveres. Nesse aspecto, confira-se o inciso IV, do art. 134, do Código Tributário Nacional:

> Art. 134. Nos casos de impossibilidade de exigência do cumprimento da obrigação principal pelo contribuinte, respondem solidariamente com êste nos atos em que intervierem ou pelas omissões de que forem responsáveis:
>
> (...)
>
> VI – os tabeliães, escrivães e demais serventuários de ofício, pelos tributos devidos sobre os atos praticados por eles, ou perante eles, em razão do seu ofício.

Desse modo, as situações que impactam diretamente a arrecadação e o recolhimento tributário, como nos casos de dúvida quanto à correta avaliação dos bens imóveis, causam danos diretos aos titulares das serventias extrajudiciais, afetando diretamente os valores necessários para a manutenção da atividade, a remuneração pessoal e o repasse das Taxas de Fiscalização ao Poder Judiciário. Isso permite concluir que, nessas hipóteses, subsiste a legitimidade e o interesse recursal aos delegatários do serviço público.

Do contrário, estar-se-ia negando o pedido de revisão por aqueles que possuem vivência diária com os assuntos registrais apenas pela natureza da medida, quando, por outro lado, se empregada medida equivocada, como a reclamação administrativa para a discussão das mesmas exigências[2], não se obstaria o acesso ao duplo grau de jurisdição para a defesa dos atos praticados.

Nada justifica, portanto, o afastamento automático da legitimidade recursal dos Oficiais de Registro no âmbito da suscitação de dúvida, sob pena de prejudicar o aprimoramento do serviço público e a própria isonomia processual, dado que aos Oficiais também ocorreria impacto na atividade e arrecadação da serventia. Como bem acentuou o Exmo. Des. Marcelo Rodrigues em sua obra sobre o Tratado de Registros Públicos e Direito Notarial (2016, p. 295):

> o oficial deve ser imparcial, mas imparcialidade não se confunde com neutralidade. A ele, na posição de delegado do registro público, a lei confere o dever de zelar pela regularidade de seu serviço, seja no aspecto formal, seja do ponto de vista material.

CONCLUSÃO

Dito isso, a resposta aos questionamentos iniciais deve ser considerada negativa, pois não é possível alcançar o melhor resultado no procedimento administrativo de suscitação de dúvida sem garantir aos principais atores envolvidos – leia-se: os próprios delegatários do serviço público – a prerrogativa de participar e defender a revisão de temas caros ao sistema registral. Inclusive, para se alcançar a estabilidade e coerência dos pronunciamentos sobre a matéria, que servem como parâmetro para o julgamento de inúmeras outras situações jurídicas equivalentes.

---

2 Na mesma linha, destaca-se passagem da obra *"Código de Normas dos Serviços Notariais e de Registro do Estado de Minas Gerais – Comentado"*, cujas premissas se mantêm válidas pela não alteração da matéria no novo Código de Normas, elaborada pelo Exmo. Des. Marcelo Rodrigues: *"Neste descortino, quando, por vicissitudes alheias à vontade do interessado, a suscitação de dúvida é indevidamente obstada pelo oficial registrador, compreende-se a possibilidade de deflagração da dúvida inversa. A solução, além de juridicamente possível, também contribui para a desejável racionalidade do sistema judicial no que concerne à jurisdição em matéria de registros públicos. Em merecida homenagem aos princípios da razoável duração do processo, da economia e celeridade processuais, evita-se a distribuição difusa e desordenada de outros remédios judiciais, tais como a obrigação de fazer, reclamação, correição parcial, ou mesmo o manejo do mandado de segurança contra o delegado do serviço, os quais, no mais das vezes, terão o condão de declarar apenas o que já ressai da literalidade da lei, vale dizer, a suscitação da dúvida e o seu encaminhamento ao juízo competente constitui direito público subjetivo inafastável e impostergável do interessado no registro, como via processual adequada à solução de controvérsia dessa natureza"*. (Belo Horizonte: RECIVIL, 2019, p. 208)

O Eg. Tribunal de Justiça de Minas Gerais tem sido pioneiro na aplicação e ampliação desse entendimento, o que contribui significativamente para o aprimoramento da atividade ao permitir que aqueles que detêm amplo conhecimento teórico e prático sobre a matéria tenham voz ativa e participativa na construção de precedentes sólidos relacionados ao serviço extrajudicial.

Situação que se torna ainda mais relevante quando se considera que as autoridades competentes, responsáveis pela solução das dúvidas que surgem em âmbito do serviço delegado, não estão imunes a erros ou interpretações equivocadas. Assim, não é razoável impedir a revisão de posicionamentos monocráticos, quando há a possibilidade de ampliar o debate em prol do enriquecimento do sistema jurídico e da confirmação da solução mais adequada ao interesse público.

REFERÊNCIAS

CENEVIVA, Walter. "Lei de registros públicos comentada". 20 ed. São Paulo: Saraiva, 2010, p. 507.

Op. Cit.. "Lei de registros públicos comentada". 20 ed. São Paulo: Saraiva, 2010, p. 514.

CUNHA, Leonardo Carneiro da. "Será o fim da categoria condições da ação? Uma intromissão no debate travado entre Fredie Didier Jr. e Alexandre Freitas Câmara". *Revista de Processo*, São Paulo, n. 198, ago. 2011.

JOBIM, Marco Félix. "Primazia do Julgamento de Mérito: o formalismo-valorativo e o processo cooperativo no sistema recursal do Código de Processo Civil de 2015" In: Revista de Processo, vol. 298/2019, p. 77 – 104, Dez / 2019 DTR\2019\42318.

MACÊDO, Lucas Buril. "O interesse recursal no sistema de precedentes obrigatórios". In: Revista Brasileira da Advocacia | vol. 9/2018 | p. 165-209 | Abr-Jun / 2018 | DTR\2019\23997

RODRIGUES, Marcelo. "Tratado de Registros Públicos e Direito Notarial". 2ª ed. São Paulo: Altas. 2016, p. 295.

RODRIGUES, Marcelo. "*Código de Normas dos Serviços Notariais e de Registro do Estado de Minas Gerais – Comentado*". Belo Horizonte: RECIVIL, 2019, p. 208

NECESSIDADE E JUSTIFICATIVA DA VALORIZAÇÃO DO PROCEDIMENTO DE SUSCITAÇÃO DE DÚVIDAS

RAFAEL SANTIAGO COSTA
E ALEXANDRE RAMOS SOUZA

1. INTRODUÇÃO

O procedimento administrativo da suscitação de dúvida não é novidade no ordenamento jurídico e na prática registral e notarial. Além de sua principal regulamentação constar em norma já cinquentenária – a difundida Lei 6.015/73 –, o Decreto 18.542/28, por exemplo, já trazia menção ao instituto em seu art. 207[1].

Em apertada síntese, trata-se do instrumento colocado à disposição do interessado na prática de algum ato registral e notarial, que teve sua pretensão frustrada em função de alguma exigência pelo Oficial da serventia extrajudicial e que a considera indevida ou de inviável cumprimento, pretendendo submeter a controvérsia ao juízo competente.

Não obstante o enraizado tratamento normativo e a ampla utilização da suscitação de dúvida, percebe-se que acaba sendo preterida em muitas ocasiões em que cabível – e necessária, valendo-se os interessados de meios judiciais ou mesmo outros instrumentos administrativos para buscar a superação de exigências apresentadas para a conclusão do ato notarial ou registral pretendido.

1 Art. 207. Tomada a nota da apresentação e conferido o número de ordem, o official, duvidando da legalidade do titulo ou de sua validade, poderá recusar-lhe registro, entregando-o immediatamente á parte com a declaração da duvida que achou para que ella possa recorrer ao juiz competente, averbando logo a entrega e a duvida, em resumo, no Protocollo e declarando no termo de encerramento diario o numero de linhas deixadas em branco no Protocollo para tal fim, a respeito de cada titulo impugnado. (Dec. n. 370 cit., artigo 66 e Cod. Civ., art. 834.) (*Obs*: redação original, conforme consta no revogado diploma normativo).

O primeiro e principal objetivo deste trabalho é reforçar a relevância da suscitação de dúvida na prática jurídica extrajudicial, buscando o fomento de sua utilização como eficiente ferramenta à desjudicialização de controvérsias e busca pela defesa de direitos que se acredita deter.

Mas também como alerta de que o Poder Judiciário, no exercício de suas atividades administrativas e fiscalizatórias dos atos registrais e notariais, esteja mais atento e refratário à substituição da suscitação de dúvidas por outros pleitos de natureza administrativa, que se afastam da sólida regulamentação legal da solução de eventuais divergências entre usuários e Oficiais de Registro ou Tabeliães.

Por outro lado, também temos nos deparado com equívocos conceituais em torno da suscitação de dúvidas, envolvendo, inclusive, confusão quanto à sua natureza administrativa, não correspondendo, por consequência, a procedimento judicial. Ainda que decidido pelo Poder Judiciário. Assim, também se pretende reforçar a inaplicabilidade de alguns institutos inerentes ao processo civil.

Considerando nossa prática cotidiana, muito deste trabalho parte de regulamentações, decisões e acórdãos oriundos do Tribunal de Justiça de Minas Gerais (TJMG), que muito vem contribuindo para o amadurecimento das discussões no âmbito registral e notarial. Especialmente a partir da designação de duas de suas Câmaras Cíveis para atuação com ênfase também na matéria[2].

2. BREVES NOTAS SOBRE O PROCEDIMENTO DE SUSCITAÇÃO DE DÚVIDAS

A suscitação de dúvidas está diretamente relacionada à expedição de nota devolutiva pelo Oficial de Registro ou Tabelião, na qual formalizam os motivos considerados impeditivos à prática do ato pretendido pelo interessado. Apesar de mais comum no âmbito do registro de imóveis, também é inerente às demais atividades registrais e notarial[3].

2 O art. 3º da Resolução nº 977/21 atribuiu à 16ª e 21ª Câmaras Cíveis a competência exclusiva para processar e julgar causas, recursos e incidentes que versem, entre outras matérias, sobre direito empresarial e registros públicos.

3 Embora o procedimento esteja previsto em dispositivos da Lei nº 6.015/73 situados em capítulo destinado ao

É o que fica claro no art. 150 do Provimento Conjunto 93/20[4]: "*Havendo exigências a serem satisfeitas, o tabelião ou oficial de registro deverá indicá-las ao apresentante por escrito, em meio físico ou eletrônico, no prazo de 15 (quinze) dias contados da apresentação do título ou documento*".

Assim, apresentado o título para registro ou documentos para a prática de algum ato notarial, procedem os responsáveis pela serventia extrajudicial análise minuciosa, verificando o atendimento dos requisitos legais à prática do ato pretendido[5]. Estando a documentação em conformidade com as exigências legais, o ato será praticado (qualificação positiva).

Caso em desconformidade, será apresentada a nota devolutiva (qualificação negativa), observando-se, ao menos em Minas Gerais[6]:

> Art. 150. (...) § 1º As exigências deverão ser formuladas de uma só vez, por escrito, articuladamente, de forma clara e objetiva, em papel timbrado da serventia, com os fundamentos de fato e de direito, data, identificação e assinatura ou chancela do preposto responsável, para que o interessado possa satisfazê-las ou, não se conformando, requerer a suscitação de dúvida.

A partir dessa nota com exigências, o interessado poderá satisfazê-las ou, caso não se conforme com seu conteúdo ou considere não ser possível atendê-las[7], solicitar ao Oficial a suscitação de dúvida perante o Juízo competente da comarca, encaminhando a documentação pertinente com indicação da controvérsia, de modo que possa ser dirimida

'Processo de Registro' (arts. 182 e seguintes), seu art. 296 ressalva a aplicação das "*disposições relativas ao processo de dúvida no registro de imóveis*" também aos demais 'registros': civil de pessoas naturais, civil de pessoas jurídicas e de títulos e documentos" (art. 1º, § 1º).

4 Institui o Código de Normas da Corregedoria-Geral de Justiça do Estado de Minas Gerais, que regulamenta os procedimentos e complementa os atos legislativos e normativos referentes aos serviços notariais e de registro do Estado de Minas Gerais.

5 É o que, no âmbito do registro de imóveis, entende-se por 'qualificação' do título, assim tratada no Provimento nº 93/20: "*Art. 863. A fase de qualificação, que se realiza entre a protocolização do título e seu respectivo registro, compreende o exame de caracteres extrínsecos do documento e a observância da legislação e dos princípios registrais. Art. 864. Incumbe ao oficial de registro impedir o registro de título que não satisfaça os requisitos exigidos pela legislação, quer sejam consubstanciados em instrumento público ou particular, quer em títulos judiciais*".

6 O art. 198 da Lei nº 6.015/73, embora mais sucinto, traz previsão similar: "*Se houver exigência a ser satisfeita, ela será indicada pelo oficial por escrito, dentro do prazo previsto no art. 188 desta Lei e de uma só vez, articuladamente, de forma clara e objetiva, com data, identificação e assinatura do oficial ou preposto responsável (...)*".

7 O Provimento nº 93/20, indo além do que consta na Lei nº 6.015/73, dirimiu relevante dúvida sobre a matéria: "*Art. 152. Não caberá irresignação parcial na dúvida, e, portanto, ao concordar com uma das exigências, o interessado deverá cumpri-la antes de dar início ao referido procedimento*".

por aquela autoridade judicial, independentemente de impugnação por parte do interessado, embora deva ser notificado para tanto:

> Não impugnada a dúvida, nem por isso ocorre revelia. O juiz a julgará, conforme seu convencimento, pois o silêncio do interessado não representa confissão quanto à matéria de fato; a afirmação do oficial presume-se verdadeira, pela fé pública de que se reveste o exercício de sua função. Dada a natureza administrativa do procedimento, seu julgamento, mesmo no silêncio daquele cujo título teve o registro adiado, é conveniente. Daí ter disposto a lei nesse sentido, com o reforço da expressão *ainda assim*.[8]

Sobre a sequência do procedimento, transcrevemos os dispositivos da Lei 6.015/73 mais relevantes aos objetivos deste estudo:

> Art. 202 – Da sentença, poderão interpor apelação, com os efeitos devolutivo e suspensivo, o interessado, o Ministério Público e o terceiro prejudicado.
>
> Art. 203 – Transitada em julgado a decisão da dúvida, proceder-se-á do seguinte modo:
>
> I – se for julgada procedente, os documentos serão restituídos à parte, independentemente de translado, dando-se ciência da decisão ao oficial, para que a consigne no Protocolo e cancele a prenotação;
>
> II – se for julgada improcedente, o interessado apresentará, de novo, os seus documentos, com o respectivo mandado, ou certidão da sentença, que ficarão arquivados, para que, desde logo, se proceda ao registro, declarando o oficial o fato na coluna de anotações do Protocolo.
>
> Art. 204 – A decisão da dúvida tem natureza administrativa e não impede o uso do processo contencioso competente.

Estas previsões contemplam premissas significativas acerca do procedimento da dúvida. Primeira delas é a natureza administrativa do procedimento, de modo que não impede 'processo contencioso' – leia-se, judicial – que se entenda cabível. Ou seja, embora decidida por Juiz, a dúvida não assume o caráter de contencioso judicial.

Nem mesmo quando apresentada impugnação pelo interessado ou interposta apelação contra sentença nela proferida. Trata-se de

8 CENEVIVA, Walter. *Lei dos Registros Públicos comentada*. 20. ed. São Paulo: Saraiva, 2010. p. 517.

típica função administrativa do Poder Judiciário. A jurisprudência não diverge da expressa e inequívoca intenção do legislador:

> [...]. INCIDENTE DE SUSCITAÇÃO DE DÚVIDA. OFICIAL DE CARTÓRIO. PROCEDIMENTO. NATUREZA ADMINISTRATIVA. RECURSO ESPECIAL. DESCABIMENTO. 1. A jurisprudência desta Corte se orienta no sentido de que "o incidente de suscitação de dúvida relativo à exigência feita por Oficial de Cartório, prevista pela Lei de Registros Públicos, é procedimento de natureza administrativa e a decisão que o julga não possui natureza jurisdicional, embora seja prolatada por órgão do Poder Judiciário. Precedentes: [...]. 2. Na espécie, independentemente da existência de litigiosidade no procedimento administrativo de consulta, o fato é que não se trata de processo judicial (de modo que não é "causa decidida"), e não foi ele dirimido por meio de recurso propriamente dito (razão pela qual não houve decisão "em última instância"). 3. Ressalte-se que quem proferiu o acórdão recorrido foi o Conselho da Magistratura, órgão de caráter administrativo do Tribunal de Justiça, a reforçar que não há caráter judicial no processo, sendo evidente que não estão presentes os requisitos constitucionais previstos no art. 105, III, da CF. 4. Agravo interno não provido. (AgInt no AgInt no AREsp 1.946.854/RJ, Relator Ministro Gurgel de Faria, Primeira Turma, julgado em 27/11/2023)

A ressalva final do art. 204 vai ao encontro da garantia constitucional da inafastabilidade da jurisdição, previsto no art. 5º, XXXV, da Constituição Federal[9], sendo que não se pode confundir a atuação do Poder Judiciário no julgamento administrativo da dúvida com sua atuação enquanto órgão jurisdicional. Por essa razão que não se fala em coisa julgada material no âmbito da suscitação de dúvida[10]:

> Embora híbrido, o que domina nos caminhos da suscitação de dúvida é o procedimento administrativo, principalmente pela não

9 Art. 5º. [...] a lei não excluirá da apreciação do Poder Judiciário lesão ou ameaça a direito.

10 [...]. SUSCITAÇÃO DE DÚVIDA. PROCESSO DE JURISDIÇÃO VOLUNTÁRIA. NATUREZA ADMINISTRATIVA. COISA JULGADA MATERIAL. IMPOSSIBILIDADE. SENTENÇA ANULADA. RECURSO PROVIDO. A sentença proferida no processo de suscitação de dúvida, por se tratar de jurisdição voluntária de natureza administrativa, não faz coisa julgada material, devendo ser anulada a sentença que extinguiu o feito, sem resolução do mérito, por tal motivo. (TJMG - Apelação Cível 1.0000.22.236057-0/001, Relator(a): Des.(a) Moacyr Lobato, 21ª Câmara Cível Especializada, julgamento em 03/05/2023, publicação da súmula em 04/05/2023)

obrigatoriedade de requisitos processuais e *jus postulandi* para o requerimento e em razão de a Sentença não impedir que o interessado recorra ao Poder Judiciário, em busca de pronunciamento jurisdicional propriamente dito. O que mostra que o trânsito em julgado da suscitação de dúvida é apenas formal[11].

Igualmente relevantes as previsões contidas no antecedente art. 203, uma vez que confirmam que apenas após o 'trânsito em julgado' da decisão (administrativa) proferida na suscitação de dúvida é que poderá ter sequência os trâmites do protocolo/prenotação feitos perante a serventia extrajudicial. Afinal, o recurso de apelação eventualmente interposto detém efeito também suspensivo (art. 202).

A procedência definitiva da dúvida significa concordância judicial com o entendimento do Oficial, levando, somente então, ao cancelamento da prenotação, com devolução dos documentos ao interessado. Por outro lado, a improcedência, somente quando transitada em julgado, implica na necessária e imediata prática do ato que gerou a dúvida.

Principalmente no âmbito do registro de imóveis, tal previsão tem enorme relevância, pois confirma que a prenotação que ensejou nota devolutiva e, em seguida, a suscitação de dúvida, seguirá tendo prioridade sobre outros protocolos durante toda a tramitação do procedimento. Nesse sentido o seguinte acórdão do Conselho Superior de Magistratura do Tribunal de Justiça de São Paulo:

> Registro de imóveis – Dúvida – Pretensão de registro de cédula de crédito bancário e instrumento particular de constituição de hipoteca cedular vinculado a outra cédula de crédito bancário – Existência de título prenotado anteriormente, em relação ao qual houve suscitação de dúvida – Necessidade de se aguardar o julgamento definitivo, em observância ao princípio da prioridade – Recurso não provido. (Apelação 3006271-83.2013.8.26.0562, Relator (a): Des. (a) Hamilton Elliot Akel, julgamento em 08/05/2015)[12]

---

11 VELOSO, Waldir de Pinho. *Suscitação de Dúvida: o procedimento administrativo em todas as especialidades dos registros públicos e dos tabelionatos*. 2. ed. Curitiba: Juruá, 2023. p. 46.

12 Extrai-se do voto condutor deste julgado: "*A prenotação subsiste também, na hipótese de suscitação de dúvida,*

Até porque, o art. 205 da Lei 6.015/73 determina a cessação dos efeitos da prenotação se o título não for registrado após 20 dias do seu protocolo "*por omissão do interessado em atender às exigências legais*". O surgimento de dúvida sobre as exigências legais, com a deflagração do procedimento administrativo correlato para que seja dirimida, definitivamente, não pode ser considerado omissão do interessado. Ao contrário, confirma seu interesse na prática do ato e sua diligência na busca deste resultado.

A partir destas premissas, acredita-se mais simples, contextualizada e embasada a defesa da valorização do procedimento de suscitação de dúvida para a solução das divergências surgidas entre os Oficiais de Registro ou Tabeliães e os interessados quanto à interpretação das exigências legais.

3. PRIORIZAÇÃO DA SUSCITAÇÃO DE DÚVIDA COMO PROCEDIMENTO PRECEDENTE À DISCUSSÃO JUDICIAL

Demonstrou-se que a suscitação de dúvida – e mesmo seu resultado – não pode implicar na negativa da busca pela tutela efetivamente jurisdicional do direito pretendido pelo interessado que tem seu registro ou prática de ato notarial negado por exigência que considere indevida ou de impossível cumprimento.

Contudo, essa conclusão não nos impede de defender o uso da suscitação de dúvida como instrumento precedente à judicialização de controvérsias surgidas no âmbito das serventias extrajudiciais. Quando menos, que sirvam tais reflexões para que os interessados e advogados considerem o procedimento como prioritário e recomendável na busca de seus interesses.

Até porque, em muitos casos, o Oficiais de Registro e Tabeliães não se mostram contrários à prática do ato pretendido, mas receosos de agirem diversamente da interpretação que consideram mais

---

prevista no artigo 198 da Lei de Registros Públicos, pois, se julgada improcedente, a prioridade fará com que os efeitos da prenotação retroajam à data da protocolização do título. Na hipótese de ser julgada procedente, a prenotação será cancelada (artigo 203 da Lei de Registros Públicos)."

corretas dos fatos ou requisitos legais relacionados. Nesses casos, seu interesse e preocupação está justamente na busca pela segurança jurídica decorrente do pronunciamento do magistrado competente, ainda que no exercício de atividade administrativa.

De todo modo, situação que merece reflexão mais ampla é a impetração de mandados de segurança em face de alegados atos coatores praticados pelos titulares das serventias extrajudiciais ao negarem a prática do ato pretendido por motivos expostos em nota de devolução. Este relevante e paradigmático acórdão do TJMG bem resume defensável e, a nosso ver, salutar tese:

> MANDADO DE SEGURANÇA – INADEQUAÇÃO DA VIA ELEITA – UTILIZAÇÃO COMO SUCEDÂNEO DO PROCEDIMENTO DE SUSCITAÇÃO DE DÚVIDA – ART. 198, DA LEI 6.015/73 – DENEGAÇÃO DA SEGURANÇA – ART. 6º, § 5º, DA LEI 12.016/2009 – PRELIMINAR ACOLHIDA. (Ap Cível/Reex Necessário 1.0433.08.262157-7/001, Relator(a): Des.(a) Roney Oliveira, 2ª CÂMARA CÍVEL, julgamento em 22/03/2011)

A autoridade apontada como coatora no mandado de segurança era justamente Oficial de Registro de Imóveis que estaria, supostamente, impondo 'óbices' ao registro de escrituras públicas de imóveis beneficiados por determinado programa habitacional. A sentença foi pela concessão da segurança, determinando-se a abstenção das exigências.

Restou provida apelação ao argumento de não se falar em presença de direito líquido e certo sem que o interessado tivesse buscado dirimir a questão pelo procedimento da suscitação de dúvida. Assim, considerou-se inadequada a via do mandado de segurança: "*imprescindível que a pretensão do impetrante seja resolvida por meio da suscitação de dúvida, sendo incabível o presente mandado de segurança*".

Consideramos paradigmático este acórdão não por ser pioneiro quanto à linha adotada – no voto condutor, por exemplo, são citados outros precedentes na mesma linha –, mas por ter dado origem a acordão do Superior Tribunal de Justiça (STJ) em sentido diverso[13], reformando a decisão do TJMG:

> [...]. MANDADO DE SEGURANÇA. [...]. IMPUGNAÇÃO DE EXIGÊNCIA IMPOSTA POR OFICIALA DE REGISTROS. IMPETRAÇÃO QUE NÃO SE CARACTERIZA COMO SUCEDÂNEA DE SUSCITAÇÃO DE DÚVIDA. [...]. 3. O incidente de suscitação de dúvida relativa à exigência feita por Oficial de Cartório, prevista pela Lei de Registros Públicos, é procedimento de natureza administrativa e a decisão que o julga não possui natureza jurisdicional, embora seja prolatada por órgão do Poder Judiciário. Precedentes: AgRg no Ag 985.782/SP, Rel. Ministro Mauro Campbell Marques, Segunda Turma, DJe 26/11/2008; REsp 612.540/DF, Rel. Ministro Humberto Gomes de Barros, Terceira Turma, DJe 5/3/2008. 4. Ademais, a decisão do Juízo de Primeiro Grau – de cunho administrativo, repita-se – não desafia recurso, nem atrai a aplicação do art. 5º, II, da Lei 12.016/09 ou da Súmula 267 do STF, que dispõem não caber impetração do mandado de segurança quando se tratar de decisão judicial passível de recorribilidade com efeito suspensivo. 5. "Necessário adotar a técnica hermenêutica do distinguishing para concluir pela inaplicabilidade da Súmula 267 do STF ('Não cabe mandado de segurança contra ato judicial passível de recurso ou correição'), pois todos os seus precedentes de inspiração referem-se à inviabilidade do writ contra ato jurisdicional típico e passível de modificação mediante recurso ordinário, o que não se amolda à espécie" (RMS 31.362/GO, Rel. Ministro HERMAN BENJAMIN, SEGUNDA TURMA, DJe 16/9/2010). 6. Logo, o incidente de dúvida não impede o manejo da ação mandamental para sanar possíveis exigências cartorárias tidas como ilegais ou abusivas. 7. Recurso especial a que se dá provimento para afastar a preliminar de inadequação da via eleita e determinar a remessa dos autos ao Tribunal de Justiça de Minas Gerais, a fim de que prossiga no julgamento do feito. (REsp 1.348.228/MG, Relator Ministro Og Fernandes, Segunda Turma, julgado em 12/2/2015)

O voto condutor não traz maiores reflexões além do que consta na ementa, sendo o único da Corte Superior precisamente sobre o tema localizado em nossas pesquisas, naturalmente não isenta de falhas.

13

Constatação reconfortante é a de que os Tribunais Estaduais seguem recusando mandados de segurança impetrados sem que tenha sido trilhado o caminho efetivamente previsto na Lei 6.015/73 para amadurecimento da análise das exigências feitas pela serventia extrajudicial. É o que revelam esses recentes pronunciamentos, respectivamente, do TJMG, do Tribunal de Justiça do Rio Grande do Sul e do Tribunal de Justiça do Distrito Federal e Territórios:

> [...] MANDADO DE SEGURANÇA – INADEQUAÇÃO DA VIA ELEITA – CABIMENTO DE SUSCITAÇÃO DE DÚVIDAS – EXTINÇÃO DO PROCESSO – PRELIMINAR ACOLHIDA. O procedimento de suscitação de dúvida está previsto no art. 198, da Lei 6.015/73, modificado pela Lei 14.382/2022 podendo a dúvida ser suscitada pelo oficial registrador, ou pela parte interessada. Considerando a recusa da Oficiala do Registro de Imóveis de averbar a conclusão do empreendimento sem o pagamento das custas e emolumentos da averbação do habite-se em todas as matrículas das unidades autônomas do empreendimento, caberia ao interessado requerer ao juízo competente que fosse dirimida a dúvida, sendo incabível o mandado de segurança como sucedâneo de suscitação de dúvida, conforme preceitua o art. 5º, inciso I, da Lei 12.016/09, devendo o feito ser extinto, nos termos do art. 485, VI, do CPC/2015, e do art. 6º, § 5º, da Lei 12.016/2009. (Agravo de Instrumento-Cv 1.0000.24.240803-7/001, Relator(a): Des. (a) Adriano de Mesquita Carneiro, 21ª Câmara Cível Especializada, julgamento em 28/08/2024)

> [...]. MANDADO DE SEGURANÇA. IMPUGNAÇÃO A ATO DE OFICIAL REGISTRADOR. INSURGÊNCIA A SER MANIFESTADA EM PROCEDIMENTO ESPECÍFICO. SUSCITAÇÃO DE DÚVIDA REGISTRAL. RECURSO ADMINISTRATIVO COM EFEITO SUSPENSIVO. MANEJO DO WRIT CONSTITUCIONAL. NÃO CABIMENTO. RECURSO CONHECIDO E DESPROVIDO.
> 1. O mandado de segurança – remédio constitucional vocacionado à tutela de direito líquido e certo contra ato ilegal ou praticado com abuso de poder por autoridade no exercício de função pública – não é cabível contra decisão administrativa atacável por recurso com efeito suspensivo, nos termos do art. 5o, I, da Lei 12.016/09. 2. A impugnação a exigências feitas por Oficial registrador reclama a instauração do

> procedimento de suscitação de dúvida no registro de imóveis, previsto no art. 198 e seguintes da Lei 6.015/73 (Lei dos Registros Públicos). Trata-se a dúvida registral de procedimento administrativo por meio do qual o oficial do registro de imóveis, a pedido do interessado, submete a exame judicial a nota de exigência em que indicados os motivos da recusa do registro do título ou de sua averbação e os documentos a serem apresentados para viabilizar a prática do ato. É de natureza administrativa a decisão que encerra o procedimento instaurado por discordar o apresentante da recusa feita pelo registrador ao pedido de registro ou da averbação, servindo a desafiá-la recurso com efeito suspensivo. 3. A existência de procedimento administrativo, com previsão de recurso com efeito suspensivo, afasta o cabimento do mandado de segurança impetrado ao intento de afastar a nota de exigência lançada por Oficial registrador do cartório imobiliário. 4. Recurso conhecido e desprovido. (Acórdão 1930212, 0701323-45.2024.8.07.0015, Relator(a): Diva Lucy de Faria Pereira, 1ª Turma Cível, julgamento em 02/10/2024)

> [...]. MANDADO DE SEGURANÇA. IMPETRAÇÃO CONTRA ATO PRATICADO POR OFICIAL DO REGISTRO DE IMÓVEIS, OBSTANDO O SEGUIMENTO DE TRÂMITES INDISPENSÁVEIS À AQUISIÇÃO DA PROPRIEDADE PELA USUCAPIÃO EXTRAJUDICIAL. EXTINÇÃO POR AUSÊNCIA DE INTERESSE. NECESSIDADE DE INSTAURAÇÃO DE PROCEDIMENTO PRÓPRIO, NO CASO, A SUSCITAÇÃO DE DÚVIDA REGISTRAL. INTELIGÊNCIA DOS ARTS. 198 DA LEI 6.015/1973, 1.071 DO CPC E 420 DO PROVIMENTO 149/2003 DA CORREGEDORIA GERAL DE JUSTIÇA. APELO DESPROVIDO. DEVIDA APLICAÇÃO NORMATIVA NA SOLUÇÃO DA CONTROVÉRSIA. TESE RECURSAL DESPROVIDA DE PLAUSIBILIDADE. RECURSO NÃO ADMITIDO. (Apelação Cível 52284756320228210001, 3ª Vice-Presidência, Relator: Lusmary Fatima Turelly da Silva, julgamento em 23/01/2025)[14]

Verifica-se, nos dois primeiros acórdãos, argumento que condiz com uma das premissas fixadas no tópico anterior: os efeitos

14 Ementa do acordão que ensejou o recurso especial não admitido: *"[...]. MANDADO DE SEGURANÇA CONTRA ATO DO OFICIAL DO REGISTRO DE IMÓVEIS. USUCAPIÃO EXTRAJUDICIAL. DENEGAÇÃO DA SEGURANÇA. [...]. II. DE ACORDO COM OS ARTS. 1.071 DO CPC, 216-A, § 7º, DA LEI 6.015/73 E 420 DO PROVIMENTO 149/2023 DA CORREGEDORIA NACIONAL DE JUSTIÇA, O PROCEDIMENTO A SER INSTAURADO EM CASO DE DEVOLUÇÃO OU REJEIÇÃO DO PEDIDO DE USUCAPIÃO EXTRAJUDICIAL É A DÚVIDA REGISTRAL, PREVISTA NO ART. 198, VI, DA LEI 6.015/73. EXTINÇÃO, POR CONSEGUINTE, DO MANDADO DE SEGURANÇA, POR AUSÊNCIA DE INTERESSE. APELO DESPROVIDO. UNÂNIME."*

da prenotação do título seguem válidos enquanto não concluído o procedimento de suscitação de dúvida, o que se aproxima do efeito suspensivo atribuído a recurso administrativo[15] citado no art. 5º, I, da Lei 12.016/09, como impeditivo ao mandado de segurança.

É bem verdade que, em muitos casos, a espera pela conclusão do procedimento pode resultar em efetivos prejuízos ao interessado – casos de registro de incorporação imobiliária, por exemplo, por poder ocorrer alienações ou onerações antes de efetivado o registro –, nada interferindo o mencionado 'efeito suspensivo'. Principalmente se depois verificada a improcedência da dúvida.

Contudo, cada caso deve ser analisado com suas peculiaridades, não sendo o mandado de segurança o único instrumento judicial à disposição dos que se sintam lesados. De todo modo, o que se defende neste trabalho não é que o Judiciário deixe de intervir em situações efetivamente urgentes, mas que o procedimento de suscitação de dúvida seja priorizado.

Pelo menos em regra, como verificado neste interessante acórdão do TJMG, que negou interesse de agir dos autores em relação a um dos seus pedidos em ação declaratória – confirmando que os óbices processuais não são exclusivos da via mandamental[16] –, haja vista deveria ter sido abordado via suscitação de dúvida:

---

15 Como visto, expresso no art. 202 da Lei nº 6.015/73.

16 Como também demonstram esses recentes julgados do TJMG:
"[...] AÇÃO DE OBRIGAÇÃO DE FAZER COM PEDIDO DE TUTELA DE URGÊNCIA - REQUERIMENTO DE AVERBAÇÃO E REGISTRO DE ATA DE ASSEMBLÉIA GERAL ORDINÁRIA - CLUBE RECREATIVO - NOTA DEVOLUTIVA DO OFICIAL REGISTRADOR - INADEQUAÇÃO DA VIA ELEITA - AUSÊNCIA DE INTERESSE PROCESSUAL - EXTINÇÃO SEM RESOLUÇÃO DO MÉRITO. O pedido de obrigação de fazer para averbação e registro de ata de assembleia de clube recreativo é via inadequada para substituir o procedimento de suscitação de dúvida. - Não se conformando o interessado com a exigência ou não podendo satisfazê-la, será o título ou documento, a seu requerimento e com a declaração de dúvida formulada pelo tabelião ou oficial de registro, remetido ao juízo competente para que este possa dirimi-la (Provimento Conjunto nº 93/2020, art. 151). [...]" (Agravo de Instrumento-Cv 1.0000.24.356142-0/001, Relator(a): Des.(a) Ramom Tácio, 16ª Câmara Cível Especializada, julgamento em 01/10/2024); *"[...] AÇÃO DECLARATÓRIA - ALTERAÇÃO/RETIFICAÇÃO DE REGISTRO - SUPRIMENTO DE VOCÁBULO - BOSQUE - PRELIMINAR DE OFÍCIO - CARÊNCIA DE AÇÃO - FALTA DE INTERESSE DE AGIR - INADEQUAÇÃO DA VIA ELEITA - PROCEDIMENTO DE SUSCITAÇÃO DE DÚVIDA - SUSCITAÇÃO DE DÚVIDA INVERSA - EVENTUALMENTE - EXTINÇÃO DO FEITO SEM RESOLUÇÃO DO MÉRITO. A suscitação de dúvida é o meio processual adequado para obtenção do provimento jurisdicional pretendido de alteração de registro, ressalvadas as hipóteses do art. 213, da Lei de Registros Públicos. É certo que não há interesse de agir da parte autora em razão de inadequação da via eleita, acarretando em carência de ação, devendo o feito ser extinto, sem resolução do mérito, nos termos do art. 485, VI, do CPC."* (Apelação Cível 1.0000.21.228831-0/001, Relator(a): Des.(a) José Eustáquio Lucas Pereira, 21ª Câmara Cível Especializada, julgamento em 19/10/2022)

[...]. AÇÃO DECLARATÓRIA COM PEDIDO DE ALVARÁ. DIREITO DE PREFERÊNCIA. ART. 504, DO CÓDIGO CIVIL. DECLARAÇÃO DE DECADÊNCIA. INTERESSE DE AGIR. EXPEDIÇÃO DE ALVARÁ AO CARTÓRIO PARA REGISTRO DE ESCRITURA. EXIGÊNCIA DO OFICIAL REGISTRADOR DE ASSINATURA DA ESCRITURA POR TODOS OS CONDÔMINOS. CARÊNCIA DE AÇÃO. MEIO PROCESSUAL INADEQUADO. SUSCITAÇÃO DE DÚVIDA PREVISTA NA LEI DE REGISTROS PÚBLICOS. PROCEDIMENTO OBRIGATÓRIO. [...]. A ação declaratória é o meio processual adequado para a pretensão de declaração de decadência do direito de preferência, previsto no art. 504, do Código Civil, que, caso reconhecido, enseja a extinção do processo, com julgamento do mérito, nos termos do art. 269, IV do CPC. A suscitação da dúvida e seu encaminhamento ao Juízo competente (art. 198, da Lei de Registros Públicos) é a via processual adequada à solução da controvérsia acerca de exigibilidade feita pelo Oficial do Registro. [...] (Apelação Cível 1.0024.14.229860-3/001, Relator(a): Des.(a) José Marcos Vieira, 16ª Câmara Cível, julgamento em 05/08/2015)

Pontou o Relator do caso em seu voto:

Por outro lado, no que se refere ao pedido de expedição de alvará ao Oficial do Registro de Imóveis, para registro da Escritura Pública de Compra e Venda lavrada em 23/10/2013 pelo 2º Tabelionato de Notas, às fls, 006 e 007 do Livro 1949-N, tenho que, realmente, os Apelantes são carecedores de ação.

É que – verifica-se da leitura da petição inicial – os Autores, ora Apelantes, na verdade, pretendem com tal medida, tornar inexigível a ordem do Oficial do Cartório, que condicionou o registro da Escritura Pública à assinatura de todos os demais condôminos.

Todavia, tenho que a via processual escolhida pelos Apelantes não é hábil para alcançar a pretensão, tendo em vista a regra do Art. 198, da Lei de Registros Públicos, que dispõe:

(...) Assim, não concordando os Apelantes com a exigência feita pelo Oficial de Registro – assinatura de todos os condôminos na escritura de compra e venda –, deveriam formular requerimento para que o registrador suscitasse a dúvida, nos termos do artigo acima transcrito, a ser encaminhado, in casu, ao Juiz da Vara de Registros Públicos, para solucioná-la, não sendo o pedido de expedição de alvará formulado nesta

> ação o meio adequado para que os Autores obtenham a providência que pretendem.
>
> Vê-se, pois, que há um procedimento obrigatório – da dúvida inversa – que deveria ter sido observado pelos Apelantes para a solução da controvérsia discutida nestes autos, de forma que, escolhida via inadequada, resta caracterizada a falta de interesse processual.
>
> (...) Destarte, o manejo da presente não se revela hábil a suprir a suscitação de dúvida inversa prevista na Lei de Registros Públicos, situação que torna imperioso, o reconhecimento da falta de interesse de agir dos Autores, no tocante ao pedido de expedição de alvará, a extinção do processo sem resolução do mérito, quanto a tal pretensão.

Além destes óbices de natureza processual, um dos nossos objetivos é demonstrar como a suscitação de dúvida, muitas vezes, revela-se até mesmo (muito) benéfica ao interessado. Além de configurar instrumento viabilizador do igualmente direito fundamental de todos, no âmbito judicial e administrativo, à razoável duração do processo e aos meios que garantam a celeridade da tramitação (art. 5º, LXXVIII, da Constituição Federal), legitimando ainda mais os acórdãos citados.

Cite-se breve exemplo – certamente não isolado – em que o Oficial de Registro de Imóveis entendeu inviável o registro de escritura pública de confissão de dívida com alienação fiduciária, sem que fosse apresentada certidão de regularidade fiscal federal do devedor. Expedida a competente e regular nota de devolução e não se conformando com a exigência a interessada, instaurou-se a Suscitação de Dúvida 5142976-30.2023.8.13.0024[17].

Entre a distribuição (03/07/2023) e a prolação de sentença de improcedência da dúvida[18] (02/10/2023) transcorreram apenas 3

---

17 Perante a Vara de Registros Públicos da Comarca de Belo Horizonte.

18 Quanto ao mérito, considerou a Magistrada: "*Tem-se, contudo, apesar de tal cenário a sustentar a legitimidade da exigência apresentada, que seu afastamento, na via administrativa, encontra raiz em precedentes do Supremo Tribunal Federal, que inadmitiram a imposição de sanções políticas pelos entes tributários para, por vias oblíquas, constranger os contribuintes inadimplentes a quitar eventuais débitos. (...). Assim, com tais considerações, filiando-me à jurisprudência da Corte Suprema e dos Tribunais pátrios, JULGO IMPROCEDENTE a presente Dúvida, determinando ao Oficial que se abstenha de exigir as certidões apontadas na presente Dúvida, para realizar o registro da Escritura Pública apresentada*".

meses, não tendo o Oficial Registrador interposto recurso de apelação justamente por não ser seu objetivo impedir o registro, mas apenas buscar a segurança jurídica necessária ao ato. Que muitas vezes realmente depende da interpretação do Juízo competente.

Não havia contencioso efetivo entre os envolvidos na controvérsia, revelando-se muito mais salutar, célere e adequada a utilização da suscitação de dúvida do que qualquer outro meio judicial. O trânsito em julgado da sentença foi certificado cerca de 20 dias depois de proferida, sendo o registro imediatamente efetivado, em atendimento ao art. 203, II, da Lei 6.015/73.

Como se percebe, a reflexão pretendida com esse artigo vem em auxílio não apenas dos Oficiais de Registro e Tabeliães, mas dos próprios interessados na prática de atos que resultem em exigências. E, de forma mais ampla, de toda a sociedade, sempre beneficiada – direta ou indiretamente – com a redução da sobrecarga do Poder Judiciário.

4. PRIORIZAÇÃO DA SUSCITAÇÃO DE DÚVIDA FACE A OUTROS PROCEDIMENTOS DE NATUREZA ADMINISTRATIVA

Outro motivo que justifica a defesa da suscitação de dúvida é a constatação, também na prática cotidiana, de que muitos interessados na prática de ato registral ou notarial, inconformados com eventuais notas devolutivas, optam por utilizar não o procedimento devidamente regulamentado na Lei 6.015/73, mas outros meios administrativos, como reclamações[19] e mesmo pedidos de providências perante o Conselho Nacional de Justiça (CNJ)[20].

---

19 Em Minas Gerais, além de petições direcionadas à Direção do Foro das comarcas, percebe-se, com frequência, o envio de questionamentos sobre exigências contidas em notas devolutivas pelo 'Fale com o TJMG', "*um canal de comunicação e interlocução que proporciona o contato direto do cidadão com o Tribunal de Justiça de Minas Gerais. As solicitações de informações, comentários, dúvidas, denúncias, críticas e sugestões poderão ser encaminhadas por meio de formulários eletrônicos de acordo com os temas abaixo*" (https://www.tjmg.jus.br/falecomtjmg/#).

20 Art. 98 da Resolução nº 67/09 (Regimento Interno do CNJ): "*As propostas e sugestões tendentes à melhoria da eficiência e eficácia do Poder Judiciário bem como todo e qualquer expediente que não tenha classificação específica nem seja acessório ou incidente serão incluídos na classe de pedido de providências, cabendo ao Plenário do CNJ ou ao Corregedor Nacional de Justiça, conforme a respectiva competência, o seu conhecimento e julgamento*".

Não se pretende, evidentemente, que relevantes canais e instrumentos como estes sejam suprimidos dos cidadãos, mas chamar atenção ao fato de que não se pode relegar a segundo plano – ou mesmo último – o mais que centenário e muito bem regulamentado procedimento da suscitação de dúvida. Inclusive sob pena de restringir de sobremaneira a análise eminentemente técnica nele usualmente desenvolvida.

Discordando o interessado de exigências apresentadas pelas serventias extrajudiciais para a prática de algum ato pretendido, deve observar o procedimento indicado na legislação de regência. E não buscar imediatas medidas em campos de natureza, por exemplo, disciplinar. Com efeito, ilegítimo o uso da reclamação administrativa para contrapor qualificação técnica, não podendo traduzir mecanismo indireto e opressivo à qualificação registral/notarial se existe procedimento específico para tal finalidade[21].

Em linha semelhante já se pronunciou o Conselho da Magistratura do TJMG:

> [...] RECLAMAÇÃO APRESENTADA À CORREGEDORIA-GERAL DE JUSTIÇA EM FACE DA DISCORDÂNCIA SOBRE A EXIGÊNCIA DE DOCUMENTOS E DE VALORES COBRADOS PELA SERVENTIA DE REGISTRO DE IMÓVEIS – INADEQUAÇÃO DA VIA ELEITA – DECISÃO DE ARQUIVAMENTO PROFERIDA NA ORIGEM – MANUTENÇÃO – RECURSO NÃO PROVIDO. 1. A reclamação perante a Corregedoria-Geral de Justiça não é o instrumento adequado a ser utilizado na hipótese de questionamento de exigências feitas pela Serventia de Registro de Imóveis, porquanto a via adequada é a suscitação de dúvida, nos termos do art. 198 e seguintes da Lei 6.015/73. 2. Recurso não provido. (Recurso Administrativo 1.0000.17.096118-9/000, Relator(a): Des.(a) Eduardo Brum, julgamento em 02/04/2018)

21 Assim ponderou a Juíza Auxiliar da Corregedoria Geral de Justiça/MG, Dra. Aldina de Carvalho Soares: "*Logo, por competir a esta Casa Corregedora as funções administrativas, de orientação, de fiscalização e disciplinares, nos exatos termos do artigo 23 da Lei Complementar Estadual nº. 59/2001, o procedimento de suscitação de dúvida é o indicado para a solução da questão trazida pela Requerente, que envolve a apreciação específica de nota devolutiva de título apresentado a registro, e não a mera análise de determinações gerais dos Serviços de Registro de Imóveis*". (Decisão nº 5650, em 05/08/2019).

É válida a ressalva, contudo, que o art. 48 da Lei Estadual 15.424/04 menciona expressamente hipótese em que seria cabível reclamação administrativa: "*A parte que discordar da contagem, cobrança ou pagamento de valores poderá reclamar à Corregedoria-Geral de Justiça ou ao Juiz de Direito Diretor do Foro*". Esse dispositivo foi a base de fundamentação do seguinte acórdão, também do Conselho de Magistratura do TJMG:

> [...] RECLAMAÇÃO APRESENTADA À CORREGEDORIA-GERAL DE JUSTIÇA VIA "FALE COM O TJMG" -DISCORDÂNCIA SOBRE A EXIGÊNCIA DE VALORES COBRADOS PELA SERVENTIA DE REGISTRO DE IMÓVEIS – ADMISSÃO DA VIA ELEITA – PRELIMINAR REJEITADA [...]. 1 – O fato de o cidadão dispor do procedimento de "Suscitação de Dúvida" para os devidos fins legais (art. 198 da Lei 6.015/73) não é proibitiva a utilização do canal "Fale com o TJMG", mediante formulário, para expor seu inconformismo com a exigência do oficial de registros públicos, nos termos do que dispõe o art. 48 da Lei 15.424/2004: "A parte que discordar da contagem, cobrança ou pagamento de valores poderá reclamar à Corregedoria-Geral de Justiça ou ao Juiz de Direito Diretor do Foro." [...]. 4 – O art. 30, § 2º, da Lei Estadual 15.424/2004 prevê a restituição em dobro da quantia cobrada em excesso a título de emolumentos. (Recurso Administrativo 1.0000.22.148411-6/000, Relator(a): Des.(a) Claret de Moraes, julgamento em 03/04/2023)

Não obstante, assim como verificado em relação às discussões sobre o conteúdo de notas de exigências levadas diretamente à esfera judicial, embora cada caso possua suas peculiaridades e mereça análise própria, não se pode permitir que a suscitação de dúvida seja rebaixada a procedimento meramente opcional, podendo ser substituído, de forma indiscriminada, mesmo por outros procedimentos administrativos.

5. INCOMPATIBILIDADE DA SUSCITAÇÃO DE DÚVIDA COM INSTITUTOS INERENTES AO PROCESSO CIVIL

Por fim, justamente em função do uso alternado e assistemático de diferentes procedimentos – administrativos e judiciais – na busca pela superação de exigências formuladas após a qualificação de títulos e documentos, nota-se indevida mescla de institutos jurídicos. Para ilustrar essa situação, analisaremos paradigmático caso concreto.

Em determinada suscitação de dúvida, o Juízo competente achou por bem, ao julgá-la, fixar multa pecuniária ao Oficial de Registro por eventual desatendimento do decidido. A partir dessa imposição, o interessado concluiu que a decisão deveria ser cumprida de imediato, independentemente do recurso de apelação interposto pelo Registrador.

Assim, antes mesmo que concluída a tramitação da suscitação de dúvida, entendeu viável o ajuizamento de 'cumprimento de sentença', com base no art. 523 do Código de Processo Civil (CPC), visando à cobrança da multa diária, computando-a já a partir da decisão em que fixada. Contudo, equivocou-se o Magistrado na fixação e duplamente o interessado ao cobrá-la em Juízo.

A multa diária – também nominada cominatória ou astreintes – tem por base o art. 536, § 1º, do CPC, apresentando-se e se justificando como uma das eficazes ferramentas à disposição do Juízo[22] para assegurar a efetivação da tutela concedida em atendimento a uma das partes, podendo ser aplicada também na fase de conhecimento do feito judicial, nos termos do art. 537 do CPC.

O § 4º deste dispositivo prevê: "*A multa será devida desde o dia em que se configurar o descumprimento da decisão e incidirá enquanto não for cumprida a decisão que a tiver cominado*". Ocorre que se trata de figura totalmente incompatível com a suscitação de dúvida, que, como visto, reveste-se de natureza administrativa.

Não apenas o procedimento está sujeito a regulamentação própria, como os destinatários principais da decisão nele proferida estão vinculados a regras sancionatórias específicas. Previstas, por exemplo, no art. 32 da Lei 8.935/94: "*Os notários e os oficiais de registro estão sujeitos, pelas infrações que praticarem, assegurado amplo direito de defesa, às*

22 Assim como a busca e apreensão, remoção, impedimento de atividades entre outros.

seguintes penas: I – repreensão; II – multa; III – suspensão por noventa dias, prorrogável por mais trinta; IV – perda da delegação".

Em reforço à relação entre a suscitação de dúvida e as sanções disciplinares a que estão sujeitos os Oficiais de Registro e os Tabeliães, cite-se, embora mais voltado à hipótese de não observância das próprias normas procedimentais previstas na Lei 6.015/73:

> Se, porventura, o oficial se negar a cumprir o exposto ou inobservar tais exigências e procedimentos, a ele ensejará a aplicação das penas previstas no art. 32 da Lei 8.935/94, que iniciam com a repreensão, perpassando pela multa, pela suspensão por noventa dias, prorrogável por mais trinta, alcançando em última instância a perda da delegação[23].

Com efeito, o não atendimento do Oficial de Registro ou Tabelião ao definido no procedimento de dúvida, assim como ocorre na não observância de outras determinações do Poder Judiciário e/ou legais, implica em infração disciplinar, a ser apurada em procedimento específico e que pode até ensejar aplicação de multa pecuniária. Mas com caráter bem distinto da multa diária prevista no CPC.

O Provimento 93/2020, por exemplo, assim dispõe acerca da multa aplicável aos Tabeliães e Oficiais de Registro:

> Art. 1.213. Na fixação da pena de multa, a autoridade administrativa deverá levar em consideração a situação econômica do processado.
> § 1º Para os tabeliães e oficiais de registro, a multa será aplicada considerando-se os valores dos emolumentos, segundo estimativa calculada a partir da TFJ, informada na DAP, observados os princípios da proporcionalidade e razoabilidade.

De todo modo, ainda que se aceitasse a possibilidade de fixação de astreintes no procedimento da dúvida – o que, em verdade, não se admite –, muito claro que não poderia ser cobrada antes do trânsito em julgado da decisão que o definiu. Afinal, a sistemática prevista no art. 203 da Lei 6.015/73 não permite que o Oficial de Registro ou o Tabelião tomem qualquer providência em relação ao

23 LIMA, Jorge de Souza; CAMPOS, Lucas de Souza Lima. *Direito Notarial e Registral*. Londrina/PR: Thoth, 2023. p. 139.

título ou documento antes que seja definitiva a análise da controvérsia pelo Juízo competente.

Não se pode cogitar em 'tutela provisória', 'antecipação de tutela' ou 'liminar' no campo administrativo da dúvida, como analisado neste relevante julgado oriundo do Tribunal de Justiça de São Paulo (os trechos abaixo constam do voto condutor):

> As razões da recusa, o mérito da dúvida, são irrelevantes para o julgamento desse agravo. Relevante, isso sim, é que o título fora prenotado e os efeitos da prenotação protraíram-se no tempo enquanto não julgada a dúvida.
>
> [...]
>
> O Juízo de primeiro grau entendeu que a situação era urgente, pois sem o registro do condomínio seria impossível a obtenção de empréstimos bancários, o que prejudicaria os adquirentes das demais unidades e, afirmando que o trâmite da dúvida caracterizava óbice a esse legítimo registro, determinou-o, sem embargo da prenotação.
>
> A decisão foi dada na conta de "liminar". Cuidou-se de uma medida de urgência. Algo tão heterodoxo quanto a admissão de "terceiro interessado" em procedimento de dúvida. É certo que, de regra, não se admite o recurso de agravo de instrumento nos procedimentos de dúvida, pela mera razão de que as decisões, de cunho administrativo, não precluem. Na medida em que se concede uma medida de urgência, porém, com risco de dano irreparável ou de difícil reparação à suscitante, não há alternativa que não admitir sua irresignação por meio de agravo de instrumento. Aliás, é absolutamente incongruente que o agravado levante preliminar de não cabimento de agravo de instrumento ao mesmo passo em que admite, sem problemas, intervenção de terceiros e medida liminar em procedimento de dúvida.
>
> O cabimento do agravo de instrumento, portanto, justifica-se, excepcionalmente, à vista do risco de dano para a agravante.
>
> [...]
>
> A situação ainda se agrava quando, além de se permitir o ingresso de "terceiro interessado", concede-se uma tutela de urgência – também sem previsão legal – e determina-se o registro de outro título, com ferimento de prenotação existente.
>
> [...]
>
> A prenotação subsiste também, na hipótese de suscitação de dúvida, prevista no artigo 198 da Lei de Registros Públicos, pois, se julgada

> improcedente, a prioridade fará com que seus efeitos retroajam à data da protocolização do título. Na hipótese de ser julgada procedente, a prenotação será cancelada (artigo 203 da Lei de Registros Públicos). Logo, seja pela equivocada admissão de "terceiro interessado", seja pela ampliação do espectro de cognição da dúvida, seja pela concessão de medida de urgência, seja, por fim, pela quebra do princípio da prioridade, a decisão não pode prevalecer. (Agravo de Instrumento 0013074-05.2015.8.26.0000, Conselho Superior da Magistratura, Rel. Des. Elliot Aket, julgamento em 30/06/2015)

Logo, também não se pode conceber na aplicação de multa pelo não atendimento de decisão proferida na suscitação de dúvida. Especialmente antes do seu trânsito em julgado. Muito menos se poderia exigi-la via cumprimento de sentença, haja vista não existir efetivo título executivo judicial, uma 'sentença' propriamente dita, embora o art. 199 da Lei 6.015/73 assim nomeie a decisão administrativa que soluciona a dúvida.

Tudo isto restou ponderado e confirmado no acórdão proferido pelo TJMG no caso concreto em análise neste tópico:

> [...] Cumprimento de sentença oriundo de suscitação de dúvida – Admissibilidade – Ausência de fundamentação – Nulidade da decisão agravada – Aplicação da causa madura – Natureza jurídica – Ausência de formação de coisa julgada material – Recurso ao qual se dá provimento. 1. Consoante o artigo 1.015, parágrafo único, do Código de Processo Civil, diante de decisão interlocutória proferida em sede de cumprimento de sentença, cabível a interposição do recurso de agravo de instrumento. 2. Ainda que reconhecida a nulidade da decisão por vício na fundamentação, possível o julgamento, nos termos do art. 1.013, §3º, II, do Código de Processo Civil, quando a causa está madura para julgamento, mesmo em sede de agravo de instrumento. Precedentes do STJ. 3. O objetivo específico do procedimento de dúvida é resolver ou dirimir questão de direito, vale dizer, se a exigência formulada no caso concreto pelo tabelião ou oficial registrador é ou não pertinente, de forma a autorizar ou não a prática do ato. 3. No procedimento de dúvida não há, na acepção técnico-jurídica, lide ou contencioso, partes, pedido ou coisa julgada material. 4. Inviáveis, portanto, a deflagração de cumprimento de sentença, seja o arbitramento de pena pecuniária em sede de procedimento de dúvida. (Agravo de Instrumento-Cv

1.0000.22.284787-3/001, Relator(a): Des.(a) Marcelo Rodrigues, 21ª Câmara Cível Especializada, julgamento em 16/08/2023)

Merece destaque trecho inicial da reflexão promovida pelo Desembargador Marcelo Rodrigues – Relator do caso, profundo estudioso e conhecedor do tema –, haja vista coadunar com nossa intenção de valorização do procedimento da dúvida:

> Tenho profunda dedicação ao estudo da matéria dos Registros Públicos e posso avaliar a importância do tema em discussão, afinal, aos notários e oficiais registradores a lei confere o dever funcional de zelar pela regularidade do serviço de relevância delegado pelo estado, prestando-o de modo eficiente e adequado, na condição de profissionais do Direito com independência no exercício de suas atribuições, de forma que lhes cabe prevenir que germes de futuras demandas se aninhem em seus assentos, seja em atos lavrados.
>
> Nesse viés, em razão da mesma dedicação (e ciente de todas as particularidades que cercam o procedimento de dúvida), não posso fechar os olhos para a necessária e tão bem-vinda segurança jurídica das decisões judiciais.
>
> A previsibilidade está na ordem no dia.
>
> É isto que empresta coerência, previsibilidade, e ao mesmo tempo, infunde tranquilidade aos indivíduos.
>
> Logo, é preciso relembrar que a suscitação de dúvida tem seu procedimento concatenado por atos bem delineados, conforme artigos 198 e 204 da Lei 6.015, de 1973, não socorrendo o Direito aquele que dele se aparta.

Mais especificamente sobre a impossibilidade de aplicação da multa cominatória, relembrou o Magistrado: "*A sentença, contudo, não poderá decretar sanção a pretexto de solucionar o impasse registral, tampouco ensejará a formação da coisa julgada material*". E mais:

> Todavia, como se vê da sentença de ordem 12, foi determinada a formação de um processo único. Na mesma ocasião, foi confirmada liminar, cujo suposto descumprimento deu origem às astreintes que são objeto do presente agravo. Sob esse enfoque, renovando-se a licença, deve ser ressaltado que não cabe ao julgador se apartar do procedimento legal, ainda mais sendo ele estreito, peculiar e específico (como é a dúvida registrária).

> Nesse caso em exame, portanto, tanto a reunião dos feitos, quanto a concessão da liminar em si e o posterior arbitramento das astreintes, mostram-se inadequados, uma vez que não se escoram em previsão legal. Significa dizer: a partir de tais medidas, há notório comprometimento da segurança jurídica. E mais: ofende o devido processo legal a sentença do magistrado que, no procedimento de dúvida, amplia o conhecimento da matéria específica a que se destina tal via procedimental especial.

Como consequência, concluiu, determinando a extinção do feito por inexequibilidade do 'título' (art. 525, III, do CPC): "*Em decorrência disso, não se vislumbra a possibilidade de deflagrar um cumprimento de sentença em procedimento de dúvida registraria. Ora, como dito, não há o que a se exigir, mormente diante da ausência da formação de coisa julgada material*".

Por fim, em reforço ao que se antecipou acerca das efetivas consequências de eventual descumprimento da 'sentença' proferida na dúvida, bem como da incompatibilidade da astreinte com sua sistemática:

> Lado outro, se mostra inviável o arbitramento, contra oficial registrador, de sanção pecuniária para fins de imposição de registro de título em sede de procedimento de dúvida.
> Afinal, para além de não haver lide ou contencioso neste procedimento, incumbe ao oficial, como delegado do registro público, devolver, em verdadeiro exercício de poder-dever, título que não satisfaça os requisitos exigidos pela legislação, pelo exame e verificação de seus requisitos de validade extrínsecos, independe de sua origem. É um desdobramento do princípio da juridicidade ou da legitimidade.
> (...) Em eventual desobediência injustificada apura-se, se caso o for, a aplicação de eventual sanção disciplinar pelo órgão correcional próprio, observado o devido processo legal.

Com a análise deste caso concreto, espera-se tenhamos contribuído não apenas para a valorização da suscitação de dúvida, mas também para a correta delimitação do procedimento, que não se confunde com procedimento judicial, ainda que solucionado por 'sentença' passível de 'apelação'. Afinal, além da necessidade, pertinência e benefícios da utilização deste instrumento na prática jurídica extrajudicial, essencial seja utilizado e compreendido de forma correta.

6. CONCLUSÃO

Como visto – até pela breve amostragem de julgados contida neste trabalho –, embora a suscitação de dúvida tenha antiquíssima e consolidada disciplina legal, trata-se de procedimento que ainda enfrenta certa resistência pelos interessados na prática de atos registrais ou notariais, que muitas vezes optam por instrumentos inadequados, judiciais ou mesmo administrativos.

Ainda que cada caso mereça análise mais detida por todos os envolvidos, não se pode admitir seja a disciplina trazida nos arts. 198 a 204 da Lei 6.015/73 – detalhada em normas infralegais, como no Provimento 93/20, em Minas Gerais – transformada em letra morta. É o que paulatinamente se verificaria caso aceito, de forma indiscriminada, ser a suscitação de dúvida meramente opcional em qualquer hipótese em que emitida nota devolutiva pelas serventias extrajudiciais.

Os precedentes analisados neste trabalho demonstram estar o Poder Judiciário atento a tal situação, apontando, em muitos casos, a suscitação de dúvida como caminho necessariamente a ser seguido pelo interessado na busca de seu direito. Por outro lado, ainda que por meio de poucos exemplos, acredita-se demonstrado ser benéfico até mesmo ao interessado que assim seja.

Ainda na busca da valorização e compreensão da suscitação de dúvida, espera-se não ter restado dúvidas acerca da incompatibilidade deste procedimento administrativo com institutos típicos das vias judiciais, como tutelas provisórias, multas cominatórias e cumprimentos de sentença.

REFERÊNCIAS

CENEVIVA, Walter. *Lei dos Registros Públicos comentada.* 20. ed. São Paulo: Saraiva, 2010. p. 517.

LIMA, Jorge de Souza; CAMPOS, Lucas de Souza Lima. *Direito Notarial e Registral.* Londrina/PR: Thoth, 2023. p. 139.

VELOSO, Waldir de Pinho. *Suscitação de Dúvida: o procedimento administrativo em todas as especialidades dos registros públicos e dos tabelionatos.* 2. ed. Curitiba: Juruá, 2023. p. 46.

A RESPONSABILIDADE CIVIL DOS TABELIÃES E REGISTRADORES A PARTIR DO JULGAMENTO DO TEMA 777 PELO STF

DANILO DIEGO RAMOS DE ALMEIDA

1. INTRODUÇÃO

A responsabilidade civil dos notários e registradores está regulamentada, principalmente, na Lei 8.935/94. A redação atual de seu art. 22 estabelece expressamente sua natureza subjetiva, exigindo a comprovação de culpa ou dolo: "Art. 22. Os notários e oficiais de registro são civilmente responsáveis por todos os prejuízos que causarem a terceiros, por culpa ou dolo, pessoalmente, pelos substitutos que designarem ou escreventes que autorizarem, assegurado o direito de regresso."

A atividade notarial e registral, ainda que exercida em caráter privado, por pessoa natural habilitada mediante concurso público, é uma delegação do poder público (art. 236, § 3º, da Constituição da República Federativa do Brasil; CRFB/88[1]), estando submetida ao regime de Direito Público. Por isso, por muitos anos se discutiu se seria aplicável o art. 37, § 6º, da CRFB/88[2].

Diante dessa celeuma jurídica, houve afetação da matéria pelo Supremo Tribunal Federal (STF), com repercussão geral, no âmbito

1 Art. 236. Os serviços notariais e de registro são exercidos em caráter privado, por delegação do Poder Público. 3º O ingresso na atividade notarial e de registro depende de concurso público de provas e títulos, não se permitindo que qualquer serventia fique vaga, sem abertura de concurso de provimento ou de remoção, por mais de seis meses.

2 Art. 37. A administração pública direta e indireta de qualquer dos Poderes da União, dos Estados, do Distrito Federal e dos Municípios obedecerá aos princípios de legalidade, impessoalidade, moralidade, publicidade e eficiência e, também, ao seguinte: § 6º As pessoas jurídicas de direito público e as de direito privado prestadoras de serviços públicos responderão pelos danos que seus agentes, nessa qualidade, causarem a terceiros, assegurado o direito de regresso contra o responsável nos casos de dolo ou culpa.

do julgamento do Recurso Extraordinário (RE) 842.846 (Tema 777), cuja discussão se embasou em torno da seguinte controvérsia constitucional: "*Responsabilidade civil do Estado em decorrência de danos causados a terceiros por tabeliães e oficiais de registro no exercício de suas funções*".

Com o julgamento definitivo desse recurso, em 27.02.2019, concluiu-se que: "O Estado responde, objetivamente, pelos atos dos tabeliães e registradores oficiais que, no exercício de suas funções, causem dano a terceiro, assentado o dever de regresso contra o responsável, nos casos de dolo ou culpa, sob pena de improbidade administrativa."

Dessa forma, o presente artigo tem como objetivo demonstrar as implicações do julgamento do RE 842.846 (Tema 777) e os seus reflexos no âmbito do Tribunal de Justiça de Minas Gerais (TJMG). A análise passará pela jurisprudência atual do Tribunal sobre a responsabilidade civil do Estado e dos delegatários de serventias extrajudiciais e avaliará se há pertinência sobre as controvérsias decorrentes da evolução legislativa.

2. BREVES CONSIDERAÇÕES SOBRE A RESPONSABILIDADE CIVIL DOS NOTÁRIOS E REGISTRADORES

A responsabilidade civil "*exprime a ideia* [em sentido etimológico] *de obrigação, encargo, contraprestação. E sentido jurídico, o vocábulo não foge dessa ideia. Designa o dever que alguém tem de reparar o prejuízo decorrente da violação de outro dever jurídico sucessivo que surge para recompor o dano decorrente da violação de um dever jurídico originário.*"[3]

Especificamente em relação aos notários e registradores, de acordo com Fernando H. Mendes de Almeida, citado por DULTRA e GREGÓIO (2024, p. 3)[4], a responsabilidade civil, desde as Ordenações Filipinas, já se alicerçava no elemento culpa[5].

3 CAVALIERI FILHO, Sérgio. Programa de responsabilidade civil. 8. ed. São Paulo: Atlas, 2008, p. 20.

4 Elder Gomes Dutra e Isadora Tannous Guimarães Grégio. Revista de Direito Notarial, Colégio Notarial do Brasil Seção São Paulo, São Paulo v. 6 n.2, p. 53, Jul-Dez 2024.

5 A responsabilidade civil do notário, segundo as lições de Fernando H. Mendes de ALMEIDA (1957, p. 435), já vinha disciplinada nas Ordenações Reinóis de Portugal, fundada na culpa, em cujo §2° do Título LXXX do Livro I das Ordenações Filipinas, de 1603, previa-se o seguinte: Título LXXX, §2°. E antes de começarem a servir, darão fiança escrita por Tabelião público no livro das Notas, trasladada no livro da Câmara, a todo o dano e perda, que a alguma

Embora abordada em normas subsequentes, a responsabilidade civil dos notários e registradores começou a ganhar contornos mais definidos somente em 1928, com a edição do 'regulamento para execução dos serviços concernentes nos registros públicos' pelo Decreto 18.542. Seu art. 37 estabelecia que: "Além dos casos expressamente consignados, os officiaes serão civilmente responsaveis por todos os prejuizos que, por culpa ou dolo, causarem ou seus prepostos e substitutos, estes quando de sua indicação, aos interessados no registro".

Esse dispositivo já delineava a necessidade da existência de culpa ou dolo para a responsabilização do titular da serventia extrajudicial. A Lei 6.015/73 – Lei de Registros Públicos, reforçou essa previsão: "Art. 28. Além dos casos expressamente consignados, os oficiais são civilmente responsáveis por todos os prejuízos que, pessoalmente, ou pelos prepostos ou substitutos que indicarem, causarem, por culpa ou dolo, aos interessados no registro."

Com a promulgação da CRFB/88, ficou à cargo da legislação federal a regulamentação das atividades dos notários e registradores, incluindo a definição de sua responsabilidade civil e criminal:

> Art. 236. Os serviços notariais e de registro são exercidos em caráter privado, por delegação do Poder Público.
> § 1º Lei regulará as atividades, disciplinará a responsabilidade civil e criminal dos notários, dos oficiais de registro e de seus prepostos, e definirá a fiscalização de seus atos pelo Poder Judiciário.

A regulamentação veio com a edição da Lei 8.935/94 (Lei dos notários e registradores), cujo art. 22, em sua redação original, dispunha: "Os notários e oficiais de registro responderão pelos danos que eles e seus prepostos causem a terceiros, na prática de atos próprios da serventia, assegurado aos primeiros direito de regresso no caso de dolo ou culpa dos prepostos."

parte se causar por sua malícia ou culpa. A qual fiança será de trinta mil réis nas Cidades, e vinte mil reis nas Vilas, e nos Concelhos de terras chãs dez mil réis; e servindo se, darem as dias fianças, perderão os Ofícios. (1957 apud BENÍCIO, 2005, p. 225) apud BENÍCIO, 2005, p. 225)

Observa-se que a redação inicial do dispositivo não mencionava expressamente a necessidade de comprovação de culpa ou dolo para a responsabilização dos delegatários. Com a regulamentação específica, parte da doutrina passou a defender que o art. 28 da Lei 6.015/73 teria sido derrogado[6]. Porém, outros doutrinadores, como VELOSO (2017, p. 249)[7], adotaram posição diferente, sustentando que as normas coexistiam em plena harmonia:

> De fato, a Lei 8.935/1994, aplica-se aos notários e aos registradores, mas a mesma norma (Lei de Introdução às Normas do Direito Civil, art. 2°, § 1°) que dispõe que a lei nova revoga a anterior quando regular completamente o tema carrega em seu § 2° do mesmo art. 2° os dizeres de que "*lei nova, que estabeleça disposições gerais ou especiais a par das já existentes, não revoga nem modifica a lei anterior.*". Assim, acomoda-se facilmente a questão: o art. 22 da Lei 8.935, de 18.11.1994, neste ponto, é regra geral em relação aos registradores e norma única em relação aos notários. Já a Lei 6.015, de 31.12.1973, é especificamente aplicável aos registradores. Convivem, destarte, harmoniosamente. E não há revogação ou derrogação.

Pouco após, a Lei 9.492/97, que regulamenta os serviços de protestos, reforçou a exigência de comprovação de culpa ou dolo do delegatário: "Art. 38. Os Tabeliães de Protesto de Títulos são civilmente responsáveis por todos os prejuízos que causarem, por culpa ou dolo, pessoalmente, pelos substitutos que designarem ou Escreventes que autorizarem, assegurado o direito de regresso."

Em 2015, a Lei 13.137 alterou o art. 22 da Lei 8.935/94, incluindo a responsabilidade dos titulares também pelos encargos trabalhistas e reforçando a possibilidade de regresso em relação aos seus prepostos. No entanto, ainda assim não havia menção expressa de culpa ou dolo:

> Art. 22. Os notários e oficiais de registro, temporários ou permanentes, responderão pelos danos que eles e seus prepostos causem a terceiros, inclusive pelos relacionados a direitos e encargos trabalhistas, na

6 Exemplificando: CAMOLESI, Marcos Roberto Haddad. Notas e registros públicos. Porto Alegre: Núria Fabris, 2013, p. 79; CENEVIVA, Walter. Lei dos notários e dos registradores comentada. 9. ed. rev. e atual. São Paulo: Saraiva, 2014, p. 206.
7 VELOSO, Waldir de Pinho. Curso de direito notarial e registral. Curitiba: Juruá, 2017, p. 249.

prática de atos próprios da serventia, assegurado aos primeiros direitos de regresso no caso de dolo ou culpa dos prepostos.

Essa omissão foi superada pela Lei 13.286/16, que, novamente alterando o art. 22 da Lei 8.935/94, deixou claro – em harmonia com as disposições anteriores –, que a responsabilização civil dos notários e registradores somente ocorre em caso de culpa ou dolo:

> Art. 22. Os notários e oficiais de registro são civilmente responsáveis por todos os prejuízos que causarem a terceiros, por culpa ou dolo, pessoalmente, pelos substitutos que designarem ou escreventes que autorizarem, assegurado o direito de regresso.

Já antes dessa alteração, a questão já era amplamente debatida. Muitos sustentavam que os notários e registradores estariam submetidos ao regime de responsabilidade civil das pessoas de direito público, prevista no art. 37, § 6º, da CRFB/88. Um dos defensores dessa tese foi CAVALIERI FILHO. Mesmo após a questão ter sido superada no plano legal, seguiu defendendo a responsabilidade objetiva dos notários e registradores, inclusive tecendo críticas do ponto de vista constitucional. Em edições anteriores de sua obra Programa de responsabilidade civil, afirmava:

> *"Entendemos [..] que o art. 22, da Lei 8.935/94, com a redação que lhe deu a Lei 13.286, de 10 de maio de 2016, é flagrantemente inconstitucional, na medida em que, estabelecendo a responsabilidade subjetiva para os notários e tabeliães, colocou-se em rota de colisão com o § 6° do art. 37 da Constituição Federal".*[8]

No entanto, após o julgamento do RE 842.846, (Tema 777), muitas controvérsias foram solucionadas e CAVALIERI FILHO revisitou seu posicionamento:

> "Nas edições anteriores sustentamos, com base no art. 37, § 6° da Constituição, que a responsabilidade dos tabeliães e registradores oficiais é objetiva por serem prestadores de serviços públicos. Entretanto, à luz dos judiciosos fundamentos do atual entendimento da Suprema Corte, estamos convencidos a mudar de entendimento. Na realidade, não há fundamento jurídico para qualificar os tabeliães e registradores como

8 CAVALIERI FILHO, Sergio. Programa de responsabilidade civil. 13. ed. São Paulo: Atlas, 2019, p. 359.

prestadores de serviços públicos, e, como tais, enquadrados no art. 37, § 6° da Constituição [...]. Por outro lado, incabível vislumbrar qualquer inconstitucionalidade no art. 22 da Lei 8.935/94, com a redação dada pela Lei 13.286/2016, uma vez que a própria Constituição, no § 1° do seu art. 236, excluiu os tabeliães e registradores da disciplina do art. 37, § 6°". (Programa de responsabilidade civil. 16. ed. Barueri: Atlas, 2023. p. 328).[9]

Pelo reposicionamento acima se evidencia que o julgamento do Tema 777 trouxe novo direcionamento para a questão. Embora voltado à responsabilidade civil do Estado em decorrência dos atos praticados por notários e registradores[10], o intenso debate no âmbito da Suprema Corte contribuiu para maior segurança jurídica. Como demonstrado no tópico seguinte, esse impacto refletiu diretamente no tratamento da responsabilidade civil dos notários e registradores.

3. JULGAMENTO DO TEMA 777 E SUAS IMPLICAÇÕES

No RE 842.846, que deu ensejo ao Tema 777, o Estado de Santa Catarina apresentou a tese de violação ao preceito contido no art. 37, § 6º da CRFB/88, sustentando que a responsabilidade objetiva incide sobre os atos das pessoas jurídicas de direito público e das pessoas, físicas ou jurídicas, de direito privado, em razão do emprego da conjunção aditiva "e", em vez da alternativa "ou" prevista no referido dispositivo constitucional.

Além disso, argumentou que os tabeliães e oficiais de registro estariam sujeitos ao regime de responsabilidade estabelecido no mesmo artigo, possuindo responsabilidade civil objetiva por seus atos.

Na avaliação da presença de repercussão geral, levou-se em consideração as controvérsias existentes sobre o tema, principalmente no âmbito do Superior Tribunal de Justiça (STJ), que vinha – diferentemente do posicionamento adotado pela Suprema Corte em casos

9 CAVALIERI FILHO, Sergio. Programa de responsabilidade civil. 16. ed. São Paulo: Atlas, 2023, p. 328.

10 Conforme dizeres do Ministro Luiz Fux: "*In casu,* reconheço que a questão constitucional se encerra na definição da responsabilidade do Estado em relação aos atos praticados pelos tabeliães e oficiais de registro, de modo que a análise da matéria restará plenamente adstrita ao *thema decidendum*."

análogos – prestigiando a tese de responsabilidade objetiva dos notários e subsidiária do ente estatal. Eis as razões apresentadas:

> Por seu turno, a jurisprudência atualmente predominante no âmbito do Superior Tribunal de Justiça prestigia a tese de que há responsabilidade direta e objetiva do notário e apenas subsidiária do ente estatal.
>
> O cenário, ainda, é, portanto, de entendimentos díspares sobre tema tão relevante e que encontra ressonância em inúmeros feitos, o que impõe a sua análise sob a sistemática da repercussão geral.

No julgamento foi reafirmada a natureza da atividade, relembrando-se que os serviços notariais e de registro são atividades jurídicas próprias do Estado e, por albergarem um feixe de competências públicas, sofrem incidências do regime jurídico de Direito Público. Partindo desses pressupostos e considerando os notários e os registradores como agentes públicos, bem como o fato de a CRFB/88 ter reafirmado a adoção da teoria do risco administrativo – o Estado deve responder pelos danos causados a terceiros, independentemente da culpa do agente público ou do serviço prestado –, chegou-se à seguinte conclusão no julgamento:

> O Estado responde, objetivamente, pelos atos dos tabeliães e registradores oficiais que, no exercício de suas funções, causem dano a terceiros, assentado o dever de regresso contra o responsável, nos casos de dolo ou culpa, sob pena de improbidade administrativa.

Foram tecidas considerações sobre a impossibilidade de equiparar a responsabilidade objetiva do Estado à dos delegatários das serventias extrajudiciais. O primeiro ponto observado foi que a responsabilidade civil prevista no art. 37, § 6º, da CRFB/88, aplica-se exclusivamente às pessoas jurídicas de direito público e as de direito privado prestadores de serviços públicos. Notários e tabeliães são pessoas naturais delegatárias de um serviço público:

> Os serviços notariais e de registro, mercê de exercidos em caráter privado, por delegação do Poder Público (art. 236, CF/88), não se submetem à disciplina que rege as pessoas jurídicas de direito privado prestadoras de serviços públicos. É que esta alternativa interpretativa, além de

> inobservar a sistemática da aplicabilidade das normas constitucionais, contraria a literalidade do texto da Carta da República, conforme a dicção do art. 37, § 6º, que se refere a pessoas jurídicas prestadoras de serviços públicos, ao passo que notários e tabeliães respondem civilmente enquanto pessoas naturais delegatárias de serviço público, consoante disposto no art. 22 da Lei 8.935/94.

Também se considerou que a CRFB/88, no art. 236, § 1º, deixou para o legislador infraconstitucional a regulamentação sobre a responsabilidade civil dos notários e oficiais de registro:

> A meu ver, o art. 236, § 1º, claramente, retira a responsabilidade civil dos tabeliães e dos registradores da regra geral do art. 37, § 6º. Há uma regra específica, e a regra específica delega ao legislador o regime jurídico da responsabilidade civil dessas figuras. Portanto, penso que é fora de cogitação a aplicação do art. 37, § 6º, com vênias de quem pense diferentemente. A Constituição atribuiu ao legislador. Se fosse para fazer o mesmo que já estava no 37, § 6º, não haveria sentido em atribuir ao legislador esse papel.
>
> (...)
>
> É dado estender, à situação dos cartórios notariais, à situação dos cartórios de registro, o disposto no § 6º do artigo 37 da Constituição Federal? Sob o meu olhar – talvez seja simplista, simplório –, não, Presidente. Não podemos porque o Constituinte dito originário introduziu, nesse mesmo documento básico da República, regra específica quanto aos cartórios. Refiro-me ao artigo 236 contido na Lei Maior.

Durante o julgamento até se cogitou a possibilidade de se debruçar em momento oportuno sobre a responsabilidade civil dos tabeliães e registradores. É o que se extrai dos seguintes debates registrado em notas taquigráficas:

> MINISTRO LUIZ FUX. A repercussão geral versa a responsabilidade civil do Estado. É possível que, num outro processo, nós discutamos o que é mais conveniente, se é estabelecer a responsabilidade subjetiva ou objetiva, até melhor, porque aqui foi mencionada uma divergência no STJ. Mas a matéria objeto da repercussão geral é saber se o Estado responde objetivamente por atos praticados pelos tabeliães e pelos registradores.

> Nós não estamos discutindo aqui e fixando teto de responsabilidade de tabelião sobre ser objetiva ou subjetiva. Nós não estamos discutindo se tem regresso, se não tem regresso, isso até pode ser objeto de um debate específico; ou seja, chegar-se até a conclusão da responsabilidade objetiva de ambos, só que não neste processo.
>
> MINISTRA ROSA WEBER. O tema é o de 777 da repercussão geral, que diz – repito – com a responsabilidade civil do Estado, em decorrência desses danos. Eu faço esse registro porque o eminente Relator, ao apresentar o seu voto, até referiu à delimitação do seu voto ao exato tema da repercussão geral que, neste caso, diz com a responsabilidade civil do Estado. Sua Excelência, pelo que eu entendi, ficou restrito a essa temática, dizendo que nada impediria viesse esta Corte a apreciar as demais questões em outro feito, mas não nesta repercussão geral.

Não obstante, prevaleceu o entendimento consolidado na jurisprudência do Supremo, no sentido de não ser possível demandar o tabelião ou o registrador por atividade que se alega ter causado prejuízo a terceiro, mas diretamente o Estado, pela natureza da responsabilidade direta, primária e objetiva[11].

Por este contexto, eventuais falhas na execução descentralizada dos serviços notariais e de registro fazem incidir de forma direta e imediata o art. 37, § 6º da CRFB/88, que fixa a responsabilidade objetiva do Estado, conferindo apenas ao Ente Público a legitimidade e o dever de propor ação de regresso em face do oficial que tenha praticado o ato, somente caso constatado dolo ou culpa.

Posicionou-se também o Ministro Luís Roberto Barroso sobre a inviabilidade de se admitir a responsabilidade objetiva dos notários e registradores, valendo citar trechos de suas considerações

---

11 RESPONSABILIDADE CIVIL O ESTADO. DANOS CAUSADOS A TERCEIROS EM DECORRÊNCIA DE ATIVIDADE NOTARIAL. PRECEDENTES. 1. Nos termos da jurisprudência do Supremo Tribunal Federal, "o Estado responde, objetivamente, pelos atos dos notários que causem dano a terceiros, assegurado o direito de regresso contra o responsável, nos casos de dolo ou culpa (C.F., art. 37, § 6º)" (RE 209.354-AgR, da relatoria do ministro Carlos Velloso). 2. Agravo regimental desprovido. (RE 518894 AgR, Relator Ministro Ayres Britto, Segunda Turma, DJe 22.09.2011)
Atividade notarial e de registro. Danos materiais. Responsabilidade objetiva do Estado. Possibilidade. Precedentes. 1. A Suprema Corte já assentou o entendimento de que o Estado responde objetivamente pelos danos causados a terceiros em decorrência da atividade notarial, cabendo direito de regresso contra o causador do dano em caso de dolo ou culpa, nos termos do art. 37, § 6º, da Constituição Federal. 2. Agravo regimental não provido. (RE 788009 AgR, Relator Ministro Dias Toffoli, Primeira Turma, DJe 10.10.2014)

preambulares por discorrer acerca de situação hipotética envolvendo a atividade extrajudicial:

> Por que acho – só para fazer um parêntese – que essa responsabilidade não deve ser objetiva? Porque a responsabilidade objetiva prescinde, como o nome sugere, da demonstração de culpa ou dolo.
>
> Imagine-se a seguinte situação: uma parte que esteja outorgando uma escritura se apresenta como proprietário de um imóvel e leva, para o serventuário que vai lavrar a escritura, uma certidão de ônus reais materialmente falsa; o escrivão serventuário lavra a escritura, porque ela tem aparência de legalidade – e ele não tem o dever de buscar, na origem, se aquilo foi feito, ou não – e, aí, lavra a escritura, o comprador paga o preço e, depois, descobre-se que o outorgante da escritura não era o verdadeiro proprietário; o documento era materialmente falso.
>
> Eu não creio – portanto, houve o dano – que, nesse caso, possa-se responsabilizar o cartório; o que eu creio que se aplicaria se a responsabilidade fosse objetiva. Portanto, penso que seria injusta a imputação de responsabilidade objetiva num caso como esse. Então, estabelecemos que a responsabilidade dos notários e dos registradores é subjetiva, e acho que isso está na lei e não considero que a lei seja inconstitucional. (p. 82)

Evidente, portanto, que, embora a análise tenha se restringido à responsabilidade civil do Estado, a orientação firmada pelo STF reforça o entendimento de que eventuais ações indenizatórias decorrentes de atos registrais e notariais não podem ser direcionadas diretamente ao titular, sendo legitimado direto e primário, o Estado, cabendo-lhe o dever de propor ação de regresso em relação ao oficial que tenha praticado o ato, caso constatado dolo ou culpa.

4. REFLEXOS DO JULGAMENTO NA JURISPRUDÊNCIA DO TJMG

O entendimento firmado no Tema 777, por ser vinculante (art. 927, III, CPC[12]), tem sido observado pelas instâncias inferiores. No Egrégio TJMG, a matéria tem sido analisada em numerosos julgados. Embora haja entendimentos contrários, é palpável a

12 Art. 927. Os juízes e os tribunais observarão: III - os acórdãos em incidente de assunção de competência ou de resolução de demandas repetitivas e em julgamento de recursos extraordinário e especial repetitivos;

construção jurisprudencial no sentido de se reconhecer a ilegitimidade do titular da serventia para responder ações de responsabilidade civil decorrentes de atos praticados no exercício de suas funções, quando ajuizadas pelos usuários.

O entendimento ganhou ainda mais força com a tese firmada posteriormente, no julgamento do RE 1.027.633 (Tema 940), segundo a qual:

> A teor do disposto no art. 37, § 6º, da Constituição Federal, a ação por danos causados por agente público deve ser ajuizada contra o Estado ou a pessoa jurídica de direito privado prestadora de serviço público, sendo parte ilegítima para a ação o autor do ato, assegurado o direito de regresso contra o responsável nos casos de dolo ou culpa.

Pouco tempos após sua definição, começaram a surgir os primeiros precedentes alinhados ao entendimento estabelecido, merecendo destaque trechos do acórdão da 4ª Câmara Cível do Eg. TJMG, no julgamento do Agravo de Instrumento 1.000.19.136477-7/002 (5787864-15.2020.8.13.0000):

> *Ressalte-se que, na responsabilidade regressiva, quem porventura suportar a indenização, no caso dos autos o Estado, deverá, uma vez comprovado o dolo ou a culpa de seu agente, acioná-lo a responder pela reparação a que deu causa. Tem-se, ainda, que a discussão acerca da culpa do serventuário titular de Cartório Extrajudicial, dos tabeliães e dos registradores deverá ocorrer em ação própria, entre o estado e o agente.*
>
> *Lado outro, este Egrégio Tribunal de Justiça já se posicionou no sentido de que o Oficial do Cartório de Registro de Imóveis não possui legitimidade para figurar no polo passivo de ação judicial em que se pleiteia a anulação de matrícula de imóvel.* (Relatora Desa. Ana Paula Caixeta, julgamento em 15.04.2021).

No mesmo sentido, pertinente trecho do julgamento da Apelação 1.0000.23.162770-4/001 pela 19ª Câmara Cível quanto ao reconhecimento da ilegitimidade passiva do titular da serventia extrajudicial em ação de responsabilidade civil envolvendo alegada falha na atividade notarial:

> [...]
> De acordo com o entendimento firmado pela Suprema Corte, os notários, tabeliões e registradores, por exercerem funções delegadas do

Poder Público (art. 236, CR), são considerados agentes públicos (lato sensu), de forma que os atos que praticarem, nessa condição, quando causarem danos a terceiros, ensejam a responsabilidade direta e objetiva do Estado, que poderá ajuizar a respectiva ação de regresso, com fundamento na responsabilidade subjetiva (culpa ou dolo), nos termos do art. 37, §6º, da Constituição da República.
Posteriormente, no julgamento do RE 1027633, também submetido ao rito da repercussão geral (Tema 940), firmou entendimento no sentido de que, a teor do disposto no art. 37, § 6º, da Constituição Federal, a ação por danos causados por agente público deve ser ajuizada contra o Estado ou a pessoa jurídica de direito privado prestadora de serviço público, sendo parte ilegítima para a ação o autor do ato, assegurado o direito de regresso contra o responsável nos casos de dolo ou culpa2.
Diante desses elementos, pode-se afirmar que, de acordo com o entendimento firmado pelo Supremo Tribunal Federal em precedentes de caráter vinculante, os notários, tabeliões e registradores são partes ilegítimas para figurarem no polo passivo de ação de indenização por danos decorrentes dos atos praticados no exercício das funções delegadas do Poder Público, por força do disposto no art. 37, §6º, da Constituição da República.
Nesse ponto, importa ressaltar que o fato de o ato causador do dano ter sido praticado sob à égide da Lei 8.935/94, que, antes das alterações trazidas pela Lei 13.286/2016, previa a responsabilidade objetiva dos notários e oficiais de registro, não tem o condão de afastar a conclusão acima.
Isso porque o Supremo Tribunal Federal, nos precedentes supracitados, interpretou norma constitucional (art. 37, §6º, CR), que, nessa condição, tem prevalência sobre a norma infraconstitucional.
Desse modo, é de se convir, o art. 22, da Lei 8.935/94, em sua redação original, padecia de vício de inconstitucionalidade material, o que representa óbice à sua aplicação no caso concreto. (TJMG - Relator Des. Carlos Henrique Perpétuo Braga, julgamento em 23.11.2023)

A questão foi ganhando contornos tão definidos que, no caso abaixo, a Turma julgadora, de ofício, reconheceu a ilegitimidade passiva do titular da serventia que havia sido condenado em primeira instância à reparação civil. Pela relevância, segue o ementário e trechos do voto:

(...) LAVRATURA DE ESCRITURA DE COMPRA E VENDA DE IMÓVEL COM BASE EM PROCURAÇÃO POR INSTRUMENTO PÚBLICO FALSA, APRESENTADA COMO OUTORGADA PELO VENDEDOR – ILEGITIMIDADE PASSIVA DO TABELIÃO – DECISÃO DO STF COM REPERCUSSÃO GERAL (TEMAS 777 E 940) – NULIDADE DA ESCRITURA – MEDIDA QUE SE IMPÕE – RESPONSABILIDADE DO SUPOSTO PROCURADOR – RECONHECIMENTO. (...). O Supremo Tribunal Federal, no julgamento do RE 842.846, em que reconhecida a repercussão geral (Tema 777), fixou a seguinte tese: O Estado responde, objetivamente, pelos atos dos tabeliães e registradores oficiais que, no exercício de suas funções, causem dano a terceiros, assentado o dever de regresso contra o responsável, nos casos de dolo ou culpa, sob pena de improbidade administrativa. Posteriormente, no julgamento do RE 1027633, também submetido ao rito da repercussão geral (Tema 940), firmou entendimento no sentido de que, a teor do disposto no art. 37, § 6º, da Constituição Federal, a ação por danos causados por agente público deve ser ajuizada contra o Estado ou a pessoa jurídica de direito privado prestadora de serviço público, sendo parte ilegítima para a ação o autor do ato, assegurado o direito de regresso contra o responsável nos casos de dolo ou culpa. Restando cabalmente demonstrado nos autos que a escritura pública de compra e venda de imóvel foi lavrada com base em procuração falsa, a decretação da nulidade da referida escritura é medida que se impõe. Independentemente de ter o réu, suposto procurador da vendedora, participado ou não da trama ilícita, que compreendeu a falsificação da procuração, tem-se que é, no mínimo, notória a sua negligência ao aceitar intermediar uma transação de venda de imóvel, recebendo procuração da proprietária desse imóvel, sem ter com ela qualquer contato, mas apenas com outra terceira pessoa envolvida na trama. (TJMG – Apelação Cível 1.0000.23.033813-9/001, Relator Des. José de Carvalho Barbosa, 13ª Câmara Cível, julgamento em 25.04.2024).

PRELIMINARES DE OFÍCIO

Ilegitimidade passiva

O Supremo Tribunal Federal, no julgamento do RE 842.846, em que reconhecida a repercussão geral (Tema 777), fixou a seguinte tese: O Estado responde, objetivamente, pelos atos dos tabeliães e registradores oficiais que, no exercício de suas funções, causem dano a terceiros, assentado o dever de regresso contra o responsável, nos casos de dolo ou culpa, sob pena de improbidade administrativa.

De acordo com o entendimento firmado pela Suprema Corte, os notários, tabeliões e registradores, por exercerem funções delegadas do Poder Público (art. 236, CR), são considerados agentes públicos (lato sensu), de forma que os atos que praticarem, nessa condição, quando causarem danos a terceiros, ensejam a responsabilidade direta e objetiva do Estado, que poderá ajuizar a respectiva ação de regresso, com fundamento na responsabilidade subjetiva (culpa ou dolo), nos termos do art. 37, §6º, da Constituição da República.

(...)

Posteriormente, no julgamento do RE 1.027.633, também submetido ao rito da repercussão geral (Tema 940), o colendo STF firmou entendimento no sentido de que, a teor do disposto no art. 37, § 6º, da Constituição Federal, a ação por danos causados por agente público deve ser ajuizada contra o Estado ou a pessoa jurídica de direito privado prestadora de serviço público, sendo parte ilegítima para a ação o autor do ato, assegurado o direito de regresso contra o responsável nos casos de dolo ou culpa.

Como se vê, de acordo com o entendimento firmado pelo Supremo Tribunal Federal em precedentes de caráter vinculante, os notários, tabeliões e registradores são partes ilegítimas para figurarem no polo passivo de ação de indenização por danos decorrentes dos atos praticados no exercício das funções delegadas do Poder Público, por força do disposto no art. 37, § 6º, da Constituição da República.

No caso dos autos, verifica-se que é incontroverso que a escritura pública de compra e venda de imóvel dita nula foi lavrada no Cartório do 1º Ofício de Notas da Comarca de Passos, cujo tabelião era o réu José Maurício.

Desse modo, considerando que, nos termos do entendimento firmado pelo colendo STF, não é possível demandar diretamente contra o agente público causador do dano, deve ser reconhecida a ilegitimidade passiva do aludido réu, sendo o processo extinto sem resolução de mérito em relação a ele, ficando, por conseguinte, também extinta a lide secundária, denunciação da lide que ele fez à seguradora Tokio Marine Seguradora S.A., e prejudicado o exame do segundo recurso interposto pela mesma seguradora denunciada da lide.

Nessa mesma linha, tem se assentado reiterados julgados[13], o que demonstra certa uniformidade de entendimento. Porém, em casos envolvendo fatos ocorridos antes da alteração do art. 22 da Lei 8.935/94, promovida pela Lei 13.286/16, há discussões sobre a aplicabilidade desse entendimento.

Nesses casos, tem-se identificado decisões do TJMG considerando como objetiva a responsabilidade civil do notário e registrador. A título de exemplo, transcreve-se os seguintes julgados:

> (...). PRELIMINAR DE ILEGITIMIDADE PASSIVA. AÇÃO DE DANOS DO PARTICULAR CONTRA UM DOS REQUERIDOS OFICIAL DE CARTÓRIO DE NOTAS. REJEIÇÃO. TEMA 777 DO STF INAPLICÁVEL. FALSIFICAÇÃO DE ASSINATURA EM ESCRITURA PÚBLICA DE VENDA DE IMÓVEL. (...). – O Oficial do Cartório de Notas/Registro é parte legítima para responder a ação privada proposta por particular, por atos decorrentes na vigência do artigo 22 da Lei 8.935/94, sendo inaplicável o tema 777 do STF – Supremo Tribunal Federal – Comprovado o dano e demonstrada a responsabilidade objetiva da ocupante das funções do cartório extrajudicial, ainda que na qualidade de substituta, cumpre confirmar a responsabilidade pelos danos causados frente ao indevido reconhecimento de firma falsa na escritura (...). (AC: 01942276720128130313, Relator Des. Luiz Carlos Gomes da Mata, 13ª Câmara Cível. Julgamento em 30.06.2023)

> (...). AÇÃO DE INDENIZAÇÃO – NOTÁRIO – LEGISLAÇÃO APLICÁVEL À ESPÉCIE – ÉPOCA DOS FATOS -RESPONSABILIDADE OBJETIVA – PRECEDENTE DO STJ – TEMA 777 DO STF – INAPLICABILIDADE, NO CASO – MANUTENÇÃO DO JULGADO – JUÍZO NEGATIVO DE RETRATAÇÃO. – Não

13 Exemplificando: (Ap Cível: 50017554120198130431 1.0000 .23.118428-4/001, Relator Des. Júlio Cezar Guttierrez, Julgamento em 30.07.2024, 2ª Câmara Cível); (AC: 50043883120178130290, Relator Des. Lúcio de Brito, Julgamento em 25.05.2023, 15ª Câmara Cível); (Apelação Cível 1.0000.17.051425-1/003, Relator: Des. Roberto Apolinário de Castro, 1ª Câmara Cível, julgamento em 24.01.2023); (Apelação Cível 1.0701.14.004303-8/001, Relator Des. Corrêa Junior, 6ª Câmara Cível, julgamento em 04.02.2020); (Agravo de Instrumento-Cv 1.0209.14.001149-2/001, Relator Des. Jair Varão, 3ª Câmara Cível, julgamento em 13.10.2022); (Apelação Cível 1.0000.23.219797-0/001, Relator Des. Magid Nauef Láuar (JD 2G), 7ª Câmara Cível, julgamento em 08.11.2023); (Apelação Cível: 5008467-44 .2018.8.13.0702 1.0000.23.125319-6/001, Relator Des. Gilson Soares Lemes, Julgamento em 10.04.2024, 16ª Câmara Cível Especializada); (Agravo de Instrumento: 24330290220238130000, Relator Des. Octávio de Almeida Neves, Julgamento em 05.09.2024, 15ª Câmara Cível); (Apelação Cível: 03678219020108130702, Relator Des. Gilson Soares Lemes, Julgamento em 30.10.2024, Câmaras Especializadas Cíveis/16ª Câmara Cível Especializada).

obstante, atualmente, a responsabilidade civil dos notários seja considerada de natureza subjetiva, conforme estabelece o Tema 777 do STF, à época dos fatos retratado por ocasião do julgamento dos recursos de apelação, vigorava o art. 22 da Lei nr. 8 .935/1994, a qual previa a responsabilidade civil objetiva dos notários independentemente de culpa ou dolo – Inexistindo divergência entre os termos do acórdão recorrido e o paradigma para a devolução da matéria ao órgão fracionário, nos termos do que dispõe o art. 1.030, inc. II, do CPC, não deve ser exercido o juízo de retratação. (AC: 60359616320158130024, Relator.: Des.(a) Amorim Siqueira, 9ª Câmara Cível. Data de Julgamento em 06.09.2022)

A conclusão extraída destes julgados se baseou na premissa de que, à época dos fatos, a responsabilidade civil seguia a lógica da responsabilidade objetiva. Isso porque, comomvisto, a redação anterior do art. 22 da Lei 8.935/94 não estabelecia expressamente a necessidade de culpa ou dolo, levando à interpretação de que a responsabilização dos notários e registradores ocorreria independentemente desses elementos.

Todavia, a questão merece análise mais cautelosa. Ao relembrar o julgamento do Tema 777, conclui-se que há elementos que podem orientar o julgamento de demandas como essas sob outra perspectiva. O Ministro Luiz Fux, ao analisar a evolução legislativa relacionada aos titulares das serventias extrajudiciais, destacou um ponto de extrema relevância para a análise da responsabilidade desses agentes. Com efeito, ao interpretar o art. 28, da Lei de Registros Públicos, assim manifestou:

> Nessa toada, considerando que a atividade de Tabeliães de Protesto de Títulos é análoga à dos demais registradores, inexiste discrímen que autorize tratamento diferenciado para somente uma determinada atividade da classe notarial. Não há, portanto, lógica sistêmica em excluir somente uma das espécies de tabelião do regime de responsabilidade subjetiva.

Essa conclusão evidencia que, mesmo sob a redação original do art. 22 da Lei 8.935/94, a responsabilidade civil do notário e registrador era subjetiva. O fato de a expressão "culpa ou dolo" ter sido inserida somente em 2016, com a alteração pela Lei 13.286/16, não é suficiente para concluir que a intenção anterior do legislador era conferir responsabilidade objetiva aos delegatários.

Afinal, ao considerar a evolução histórica da responsabilidade civil dos delegatários da atividade pública, conforme exposto, notório que o elemento culpa (e/ou dolo) sempre esteve presente como requisito para a configuração do dever de indenizar. Além disso, dois outros fatores reforçam esse entendimento. O primeiro diz respeito ao acórdão proferido pelo Egrégio Tribunal de Justiça de Santa Catarina, que deu origem ao Tema 777, julgado em 15.03.2011. Ou seja, o caso concreto analisado na ocasião envolvia fatos ocorridos antes da alteração legislativa de 2016:

> RESPONSABILIDADE CIVIL DO ESTADO. DANO MATERIAL DECORRENTE DE ERRO DE ATO DE SERVIÇO DO CARTÓRIO DO REGISTRO CIVIL LEGITIMIDADE PASSIVA DO ESTADO. DENUNCIAÇÃO DA LIDE NÃO OBRIGATÓRIA. AUSÊNCIA DE PREJUÍZO AO DENUNCIANTE. NULIDADE INEXISTENTE. EQUÍVOCO DO NOME DA PESSOA FINADA NA EXPEDIÇÃO DA CERTIDÃO DE ÓBITO. FATO QUE IMPEDIU O AUTOR DE RECEBER A PENSÃO PREVIDENCIÁRIA POR MORTE DA ESPOSA. NECESSIDADE DE AJUIZAMENTO DE DEMANDA PARA RETIFICAÇÃO DO REGISTRO. RETARDAMENTO NA PERCEPÇÃO DO BENEFÍCIO. DANO MATERIAL CARACTERIZADO. RESPONSABILIDADE OBJETIVA. DEVER DE INDENIZAR CONFIGURADO. RECURSO DESPROVIDO. 1. "O Estado, na condição de delegante dos serviços notariais, responde objetivamente pela reparação dos danos que os tabeliães e registradores vierem a causar a terceiros em razão do exercício de suas funções" (AC 2007.061873-6, da Capital). 2. Se a falta de denunciação não implica na perda do direito de regresso nas hipóteses dos incs. I e II do art. 70, repugna aos princípios de economia e celeridade processual a idéia de se anular o processo em razão do indeferimento desse pleito, ainda quando a litisdenunciação fosse cabível. 3. "A indenização por dano material só pode dizer respeito ao

ressarcimento daquilo que, em cada situação, representou uma diminuição indevida do patrimônio do ofendido" (REsp 675.147/RJ). Sob esta premissa, quem deixou de receber valores à que tinha direito em razão da atuação faltosa de preposto do Estado, deve ser indenizado na integralidade do montante a que, induvidosamente, fazia jus (TJSC – AC: 20090073323 São Carlos 2009.007332-3, Relator: Newton Janke, Data de Julgamento: 15/03/2011, Segunda Câmara de Direito Público).

O segundo elemento, igualmente relevante e expresso na própria ementa do paradigma firmado no julgamento do Tema 777, é que a responsabilização objetiva exige previsão normativa expressa, não admitindo interpretação extensiva ou ampliativa. Trata-se de regra excepcional, que não pode ser presumida:

> (...). REPERCUSSÃO GERAL. DANO MATERIAL. ATOS E OMISSÕES DANOSAS DE NOTÁRIOS E REGISTRADORES. TEMA 777. ATIVIDADE DELEGADA. RESPONSABILIDADE CIVIL DO DELEGATÁRIO E DO ESTADO EM DECORRÊNCIA DE DANOS CAUSADOS A TERCEIROS POR TABELIÃES E OFICIAIS DE REGISTRO NO EXERCÍCIO DE SUAS FUNÇÕES. SERVENTIAS EXTRAJUDICIAIS. ART. 236, §1º, DA CONSTITUIÇÃO DA REPÚBLICA. RESPONSABILIDADE OBJETIVA DO ESTADO PELOS ATOS DE TABELIÃES E REGISTRADORES OFICIAIS QUE, NO EXERCÍCIO DE SUAS FUNÇÕES, CAUSEM DANOS A TERCEIROS, ASSEGURADO O DIREITO DE REGRESSO CONTRA O RESPONSÁVEL NOS CASOS DE DOLO OU CULPA. POSSIBILIDADE. 1. Os serviços notariais e de registro são exercidos em caráter privado, por delegação do Poder Público. Tabeliães e registradores oficiais são particulares em colaboração com o poder público que exercem suas atividades in nomine do Estado, com lastro em delegação prescrita expressamente no tecido constitucional (art. 236, CRFB/88). 2. Os tabeliães e registradores oficiais exercem função munida de fé pública, que destina-se a conferir autenticidade, publicidade, segurança e eficácia às declarações de vontade. 3. O ingresso na atividade notarial e de registro depende de concurso público e os atos de seus agentes estão sujeitos à fiscalização do Poder Judiciário, consoante expressa determinação constitucional (art. 236, CRFB/88). Por exercerem um

feixe de competências estatais, os titulares de serventias extrajudiciais qualificam-se como agentes públicos. 4. O Estado responde, objetivamente, pelos atos dos tabeliães e registradores oficiais que, no exercício de suas funções, causem dano a terceiros, assentado o dever de regresso contra o responsável, nos casos de dolo ou culpa, sob pena de improbidade administrativa. Precedentes: (...). 5. Os serviços notariais e de registro, mercê de exercidos em caráter privado, por delegação do Poder Público (art. 236, CF/88), não se submetem à disciplina que rege as pessoas jurídicas de direito privado prestadoras de serviços públicos. É que esta alternativa interpretativa, além de inobservar a sistemática da aplicabilidade das normas constitucionais, contraria a literalidade do texto da Carta da República, conforme a dicção do art. 37, § 6º, que se refere a "pessoas jurídicas" prestadoras de serviços públicos, ao passo que notários e tabeliães respondem civilmente enquanto pessoas naturais delegatárias de serviço público, consoante disposto no art. 22 da Lei 8.935/94. 6. A própria constituição determina que "lei regulará as atividades, disciplinará a responsabilidade civil e criminal dos notários, dos oficiais de registro e de seus prepostos, e definirá a fiscalização de seus atos pelo Poder Judiciário" (art. 236, CRFB/88), não competindo a esta Corte realizar uma interpretação analógica e extensiva, a fim de equiparar o regime jurídico da responsabilidade civil de notários e registradores oficiais ao das pessoas jurídicas de direito privado prestadoras de serviços públicos (art. 37, § 6º, CRFB/88). 7. A responsabilização objetiva depende de expressa previsão normativa e não admite interpretação extensiva ou ampliativa, posto regra excepcional, impassível de presunção. 8. A Lei 8.935/94 regulamenta o art. 236 da Constituição Federal e fixa o estatuto dos serviços notariais e de registro, predicando no seu art. 22 que "os notários e oficiais de registro são civilmente responsáveis por todos os prejuízos que causarem a terceiros, por culpa ou dolo, pessoalmente, pelos substitutos que designarem ou escreventes que autorizarem, assegurado o direito de regresso. (Redação dada pela Lei 13.286, de 2016)", o que configura inequívoca responsabilidade civil subjetiva dos notários e oficiais de registro, legalmente assentada. 9. O art. 28 da Lei de Registros Públicos (Lei 6.015/1973) contém comando expresso quanto à responsabilidade subjetiva de oficiais de registro, bem como o art. 38 da Lei 9.492/97, que fixa a responsabilidade subjetiva dos Tabeliães de Protesto de Títulos por seus próprios atos e os de seus prepostos. 10. Deveras, a atividade dos registradores de protesto é análoga à dos notários e demais registradores, inexistindo discrímen que autorize tratamento diferenciado para somente uma determinada atividade da classe notarial. 11. Repercussão geral constitucional que assenta a tese objetiva de que: o Estado responde, objetivamente, pelos atos dos tabeliães e registradores oficiais que, no exercício de suas funções, causem dano a terceiros, assentado o dever de regresso contra o responsável, nos casos de dolo ou culpa, sob pena de improbidade administrativa. 12. In casu, tratando-se de dano causado por registrador oficial no exercício de sua função, incide a responsabilidade objetiva do Estado de Santa Catarina, assentado o dever de regresso contra o responsável, nos casos de dolo ou culpa, sob pena de improbidade administrativa. 13. Recurso extraordinário CONHECIDO e DESPROVIDO para reconhecer que o Estado responde, objetivamente, pelos atos dos tabeliães e registradores oficiais que, no exercício de suas funções, causem dano a terceiros, assentado o dever de regresso contra o responsável, nos casos de dolo ou culpa, sob pena de improbidade administrativa. Tese: "O Estado responde, objetivamente, pelos atos dos tabeliães e registradores oficiais que, no exercício de suas funções, causem dano a terceiros, assentado o dever de regresso contra o responsável, nos casos de dolo ou culpa, sob pena de improbidade administrativa". (RE 842.846)

Diante desses elementos, não se mostra razoável o reconhecimento de reponsabilidade objetiva dos titulares das serventias mesmo em relação a fatos anteriores à alteração promovida pela Lei 13.286/16 no art. 22 da Lei 8.935/94. Os entendimentos firmados nos Temas 777 e 940 do Supremo Tribunal Federal, demonstram que há fundamento sólido para sustentar a responsabilidade subjetiva dos notários e registradores mesmo antes da alteração legislativa de 2016.

Dessa forma, diante dessa controvérsia, a consolidação de uma interpretação mais coerente com a evolução histórica da matéria e alinhada aos aspectos considerados no julgamento do Tema 777 pode servir como mecanismo para trazer mais segurança jurídica na aplicação adequada do regime de responsabilidade civil no âmbito das serventias extrajudiciais.

CONCLUSÃO

Por tudo que foi exposto, inegável que o julgamento do Tema 777 trouxe maior segurança jurídica ao estabelecer a responsabilidade direta, primária e objetiva do Estado por eventuais danos causados a terceiros no âmbito das serventias extrajudiciais. Esse entendimento reforçou a tese de ilegitimidade passiva dos titulares dessas serventias nas ações de responsabilidade civil, reafirmando que a responsabilização dos notários e registradores ocorre apenas mediante a comprovação de culpa ou dolo, na ação de regresso movida pelo Estado.

Entretanto, apesar da consolidação jurisprudencial, persiste a controvérsia envolvendo fatos anteriores à alteração promovida pela Lei 13.286/16. Tal questão impõe novas reflexões sob o ponto de vista legal e jurisprudencial. Todo o histórico legislativo e as diretrizes extraídas do julgamento do Tema 777 levam a conclusão de que a responsabilidade civil do notário sempre foi subjetiva.

REFERÊNCIAS

CAMOLESI, Marcos Roberto Haddad. *Notas e registros públicos*. Porto Alegre: Núria Fabris, 2013. p. 79.

CENEVIVA, Walter. *Lei dos notários e dos registradores comentada*. 9. ed. rev. e atual. São Paulo: Saraiva, 2014. p. 206.

CAVALIERI FILHO, Sérgio. *Programa de responsabilidade civil*. 8. ed. São Paulo: Atlas, 2008. p. 20.

CAVALIERI FILHO, Sérgio. *Programa de responsabilidade civil*. 13. ed. São Paulo: Atlas, 2019. p. 359.

CAVALIERI FILHO, Sérgio. *Programa de responsabilidade civil*. 16. ed. São Paulo: Atlas, 2023. p. 328.

DUTRA, Elder Gomes; GRÉGIO, Isadora Tannous Guimarães. *Revista de Direito Notarial*, Colégio Notarial do Brasil Seção São Paulo, São Paulo, v. 6, n. 2, p. 53, jul.-dez. 2024.

A AVERBAÇÃO PREMONITÓRIA COMO INSTRUMENTO DE EFICÁCIA DAS EXECUÇÕES

BERNARDO PASTORINI PIRES

I. INTRODUÇÃO

A ineficácia da execução – aqui entendida como fase de um processo judicial ou como ação específica prevista no art. 771, do Código de Processo Civil (CPC) – é uma das causas, senão a maior, do assoberbamento do Poder Judiciário e do sentimento generalizado de insatisfação entre os jurisdicionados. Os números recém-divulgados pelo Conselho Nacional de Justiça(CNJ) confirmam que, apesar de avanços e da redução de alguns gargalos, ainda existe enorme dificuldade de recebimentos dos créditos, função principal da tutela executiva.

Mesmo com a existência de diversas medidas na legislação processual, a lentidão na tramitação dos processos, bem como a ampla gama de recursos disponíveis na legislação processual, tornam cada vez mais necessária a busca por caminhos extrajudiciais[14] para resolução dos conflitos e efetivação de direitos, além de exigir dos interessados no provimento jurisdicional executivo maior protagonismo, diligência e proatividade.

Nos últimos anos, tem-se observado relevante produção legislativa tanto na criação de novos mecanismos extrajudiciais quanto na possibilidade de utilização extrajudicial de institutos consolidados no

14 "Esse fenômeno pode ser visto na utilização de métodos alternativos de solução de conflitos (mediação, conciliação e arbitragem) e na transformação de procedimentos exclusivos do Poder Judiciário em procedimentos judiciais facultativos, como sói ocorrer com diversos procedimentos que podem ter seu direito integrado no âmbito das serventias extrajudiciais (tabelionatos e registros públicos)." Disponível em: https://www.migalhas.com.br/coluna/migalhas-notariais-e-registrais/386827/extrajudicializacao-o-fenomeno-da-desjudicializacao-com-nome-certo

ordenamento jurídico, tais como a usucapião, a busca e apreensão e a adjudicação compulsória.

Além desses procedimentos, criados como forma de desafogar o Poder Judiciário, existem outros, subutilizados na prática forense, capazes de otimizar os processos de execução ou, ao menos, aumentar as chances de recebimento do crédito, resguardando os interesses do exequente em relação a terceiros.

A utilização pelo credor dessas ferramentas é essencial, tanto para resolução daquele conflito específico quanto para o desassoreamento do sistema como um todo, garantindo-se a confiabilidade e a eficácia esperada do Poder Judiciário, com a pacificação e resolução dos conflitos colocados à sua apreciação.

Nesse contexto, a averbação premonitória, prevista pelo art. 828 do CPC, é medida essencial para garantia de eficiência das execuções. Principalmente com as recentes alterações implementadas pelo Lei 14.382/2022, reforçando a necessidade de concentração dos atos nas matrículas dos imóveis.

O objetivo deste artigo é demonstrar a relevância da averbação premonitória na matrícula do(s) imóvel (is) do devedor como forma de garantir a eficácia da execução, afastando de terceiros adquirente a boa-fé presumida pelas informações constantes na matrícula.

2. OS NÚMEROS LEVANTADOS PELO CNJ E A INEFICIÊNCIA DOS PROCESSOS DE EXECUÇÃO

O Brasil é o país com maior quantidade de processos judiciais no mundo, possuindo 82.791.150 milhões de casos pendentes[15] em todos os Tribunais. As razões para tanto, ainda que relevantes em outro contexto, não serão objeto de análise neste artigo, servindo apenas para contextualizar a necessidade de se difundir e fomentar a utilização de mecanismos extrajudiciais na prática da advocacia, com ênfase no instituto da averbação premonitória.

15 Os números foram levantados pelo Conselho Nacional de Justiça no anuário de 2024 'Justiça em Números", disponível em: https://justica-em-numeros.cnj.jus.br/painel-estatisticas/

Antes disso, para melhor contextualização, serão apresentados alguns dados estatísticos, levantados pelo CNJ, demonstrando a dificuldade enfrentada pelo Judiciário para findar os processos de execução.

De acordo com o relatório 'Justiça em Números', divulgado anualmente pelo CNJ, tendo como referência o ano anterior, as execuções são responsáveis pela maior parte dos processos pendentes de baixa: "*O primeiro grau do Poder Judiciário contava com um acervo de 78 milhões de processos pendentes de baixa no final do ano de 2023, sendo que mais da metade desses processos (56,5%) se referia à fase de execução*".

A estimativa feita no ano de 2024 em relação ao tempo de duração médio de um processo, considerando as 'execuções judiciais', em trâmite perante a Justiça Estadual, é de 1.189 dias[16]. O relatório dedicou parte específica para tratar dos "Gargalos de Execução". Os dados apresentados demonstram que "*apesar de ingressar no Poder Judiciário quase duas vezes mais casos em conhecimento do que em execução, quando observado o acervo o, a situação é inversa, considerando que a execução é 36,1% maior.*"

O levantamento apurou que os processos de execução são responsáveis por 55,7% do acervo de processos da Justiça Estadual, 40,2% do acervo da Justiça Federal e 58,3% da Justiça do Trabalho. Outro dado relevante diz respeito à Taxa de Congestionamento, métrica[17] utilizada pelo CNJ para medir a efetividade de um Tribunal em determinado período. A taxa nos processos de execução supera a dos processos de conhecimento, havendo diferença de "*(...)15,8 pontos percentuais, com taxa de 64,8% no conhecimento e 80,6% na execução.*"

Ou seja, apesar de ser um processo – ou fase processual, que deveria ser mais célere, justamente por ter sido superada a fase de conhecimento, a predominância de execuções no acervo dos Tribunais é forte indicativo da dificuldade da efetivação das tutelas executivas.

16 Disponível em: https://justica-em-numeros.cnj.jus.br/painel-estatisticas/
17 Disponível em: https://www.cnj.jus.br/gestao-estrategica-e-planejamento/estrategia-nacional-do-poder-judiciario-2009-2014/indicadores/03-taxa-de-congestionamento/

Uma das causas apontadas pelo estudo, para verificação de quantidade maior de processos de execução, é a seguinte:

> "*Registra-se, no entanto, que há casos em que o judiciário esgotou os meios previstos em lei e ainda assim não houve localização de patrimônio capaz de satisfazer o crédito, permanecendo o processo pendente. Ademais, em regra as dívidas chegam à justiça após esgotados os meios de cobrança administrativos, por isso a recuperação é dificultada.*"[18]

A insolvência do devedor é um fato alheio ao credor e pode frustrar a execução. A dilapidação patrimonial e a ocultação de bens, por sua vez, são medidas muitas vezes adotadas diante da inércia do credor que se contenta apenas com o ajuizamento da ação executiva e com o acompanhamento do fluxo (a)normal do processo.

Diante de números alarmantes e das nítidas dificuldades enfrentadas pelo Judiciário para finalizar as ações executivas, necessária maior diligência dos credores na busca dos meios para efetivar seus créditos. Nesse contexto, a averbação premonitória se revela uma medida de execução simples e de alta eficácia, principalmente quando utilizada de maneira adequada.

3. AVERBAÇÃO PREMONITÓRIA: PRINCIPAIS CARACTERÍSTICAS E RELEVÂNCIA NO CONTEXTO DAS AÇÕES DE EXECUÇÃO

A averbação premonitória, prevista pelo art. 828[19] e seus parágrafos do CPC, consiste no apontamento da existência do processo executivo no registro de imóveis, veículos, ou de outros bens sujeitos à penhora, arresto ou indisponibilidade.

Ainda que o atual CPC tenha trazido alterações no procedimento, a inclusão da averbação premonitória no ordenamento ocorreu com o advento da Lei 11.382/2006, que promoveu a inserção do art. 615-A no Código de Processo Civil de 1973.

18 Disponível em: https://www.cnj.jus.br/wp-content/uploads/2024/05/justica-em-numeros-2024.pdf

19 Art. 828. O exequente poderá obter certidão de que a execução foi admitida pelo juiz, com identificação das partes e do valor da causa, para fins de averbação no registro de imóveis, de veículos ou de outros bens sujeitos a penhora, arresto ou indisponibilidade.

Alinhada com o propósito de conceder maior celeridade e eficiência ao Poder Judiciário da Emenda Constitucional 45, responsável pela inclusão do inciso LXXVIII no art. 5º da Constituição Federal, elevando à condição de direito fundamental a garantia de razoável duração do processo, a Lei 11.382/2006 foi responsável por diversas alterações no código processual, em especial nos dispositivos atinentes à execução.

Discorrendo sobre essas alterações, Marcelo Rodrigues, à época da promulgação da lei, teceu considerações relevantes sobre sua finalidade, não sem antes ressaltar a "*frequência inconveniente, após anos e anos de processo, o sentimento de frustração geral, seja da parte do credor, seja do magistrado, do advogado e da própria instituição da Justiça*"[20]:

> "*Assim, com o deliberado propósito de aparelhar o Judiciário de mecanismos formais capazes de eliminar entraves burocráticos pré e coexistente no plano dos ritos e procedimentos legais, profundas alterações são apresentadas no Livro II do Código de Processo Civil, visando sua contextualização ao reclamo contemporâneo no qual a efetividade e a celeridade do processo são içadas textualmente ao posto do princípio constitucional e irradiadas no inciso LXXVIII do art. 5º da CF/88, a partir do marco histórico da EC 45/2004, que. Aliados a outros princípios igualmente relevantes, buscam oferecer ao jurisdicionado uma Justiça acessível, efetiva justa e de duração razoável*".

A possibilidade de se averbar o ajuizamento da ação no registro de bens do executado caracteriza, nas palavras de José Miguel Garcia Medina[21], "*um verdadeiro direito informativo outorgado ao exequente*". A conclusão nos parece adequada, uma vez que o procedimento decorre apenas de iniciativa da parte, sem a ingerência operacional e decisória do Poder Judiciário.

Basta ao exequente a obtenção da certidão de que a execução foi admitida – e aqui, o CPC alterou o regramento anterior, que permitia a averbação com base apenas na certidão de distribuição da execução-, com identificação das partes, valor atribuído à causa, número do CPF ou CNPJ, para viabilizar a averbação no registro de imóveis,

20 RODRIGUES, Marcelo Guimarães. As inovações da Lei 11.382/2006 e seus reflexos no registro de imóveis. *Revista de Direito Imobiliário*. vol. 63. p. 273. São Paulo: Ed. RT, jul-dez. 2007.

21 MEDINA, José Miguel Garcia. Execução civil - Princípios fundamentais. São Paulo: Ed. RT, 2002. P.98.

veículos, Junta Comercial e de quaisquer outros bens sujeitos a penhora, arresto ou indisponibilidade.

O procedimento (art. 828, §1º, CPC) exige que, realizada a averbação, o exequente comunique ao juízo, possibilitando ao órgão jurisdicional o "*controle quanto o excesso, quando eventual responsabilização do exequente*"[22]. Isso porque, a averbação manifestamente indevida ou quando, efetivada penhora suficiente para garantia do débito, o exequente não promover o cancelamento da averbação sobre os bens não penhorados (art. 828, §2, CPC), o §5º imputa ao exequente a responsabilidade de indenizar os danos sofridos pelo executado, em incidente processado em autos apartados.

Sobre a obrigação de informar ao juízo quando da realização das averbações, ainda que a legislação não preveja sanção para o descumprimento ou atraso, Marcelo Guimarães Rodrigues defende que "*poderá o exequente responder para com o executado por eventuais prejuízos, com potencial, em tese, de caracterizar procedimento atentatório aos deveres de lealdade e boa-fé processuais, sujeitando-os às respectivas penalidades*"[23].

Ainda que a conduta, em tese, pudesse ser enquadrada ao previsto no art. 77, inciso III[24], CPC, a prática forense tem mostrado ser tímida a aplicação de sanção, tendo em vista a dificuldade de se comprovar a existência de dolo e pela baixa possibilidade de se afetar a execução diretamente.

Dessa forma, a averbação premonitória, ao ser instituída como ferramenta disponível ao exequente, promove o "*realinhamento das partes como autênticos protagonistas e não mais mero coadjuvantes do processo executivo, na medida em que são municiadas com poderes e deveres que lhes habilitam interagir, juntamente com o Estado-Juiz, na definição do procedimento que levará à composição do conflito.*"[25]

---

22 BALDISSERA, Leonardo. PERGORARO JR, Paulo Roberto. *Averbação Premonitória no Novo Código de Processo Civil*. Revista de Processo. vol. 256/2016. junho de 2016. p. 122.

23 RODRIGUES, Marcelo Guimarães. Op. cit., p. 276.

24 "Art. 77. Além de outros previstos neste Código, são deveres das partes, de seus procuradores e de todos aqueles que de qualquer forma participem do processo: (...) III - não produzir provas e não praticar atos inúteis ou desnecessários à declaração ou à defesa do direito;"

25 RODRIGUES, Marcelo Guimarães. Op. cit., p. 273.

João Pedro Lamana Paiva, em linha semelhante, destaca da importância da criação de mecanismos extrajudiciais para atribuir às decisões jurisdicionais agilidade e efetividade, também destacando a possibilidade de participação ativa da parte na condução do processo, a fim de assegurar a satisfação do seu crédito[26].

Ainda que a legislação mencione apenas a execução, o Fórum Permanente de Processualistas Civis editou a Súmula 529, estendendo a possibilidade de averbação também do cumprimento de sentença: "*As averbações previstas nos arts. 799, IX e 828 são aplicáveis ao cumprimento de sentença. (Grupo: Cumprimento de sentença)*"[27]. A ampliação nos parece adequada, sendo essa possibilidade incorporada ao ordenamento com as alterações promovidas pela Lei 14.382/22.

Assim, se confirma ser a averbação premonitória importante ferramenta à disposição do credor, sobre quem recai a responsabilidade de ser diligente para o recebimento do seu crédito, por presumir a fraude à execução, no caso de alienação do bem sobre o qual recaiu a averbação, conforme previsão do §4º, do art. 828, CPC: "*Presume-se em fraude à execução a alienação ou a oneração de bens efetuada após a averbação.*"

Isso porque, a averbação, adquirindo a presunção inerente ao registro público[28], serve como alerta a terceiros sobre o risco de se fazer negócios envolvendo aquele bem, garantindo ao exequente a ineficácia de eventual negócio em relação ao seu crédito. Como leciona, novamente, Marcelo Rodrigues, "*consumada a averbação, forra-se o credor da presunção inerente ao registro público, oponível a terceiros no tocante a premonição do risco de fazer negócio com o imóvel, dada a ameaça à titularidade constante do registro.*"[29]

26 PAIVA, João Pedro Lamana. A fraude à execução e a averbação acautelatória e/ou premonitória à luz das inovações trazidas pelas leis 11.382/2006 e 11.419/2006. *Revista de Direito imobiliário*. vol. 64. p. 158. São Paulo: Ed. RT, jan-jun. 2008.

27 Disponível em: https://institutodc.com.br/wp-content/uploads/2017/06/FPPC-Carta-de-Florianopolis.pdf . Acesso em 29/01/25

28 Lei nº. 8.245/94: Art. 1º Serviços notariais e de registro são os de organização técnica e administrativa destinados a garantir a publicidade, autenticidade, segurança e eficácia dos atos jurídicos.

29 RODRIGUES, Marcelo Guimarães. Op. cit., p. 274.

A averbação premonitória tem caráter provisório, uma vez que, em algum ponto do processo executivo, será transformada em penhora, adquirindo a condição de inscrição definitiva, ou será cancelada. Até esse ponto, a medida confere publicidade a possíveis adquirentes de boa-fé, o que possui enorme relevância no mercado imobiliário, além de constituir prova inequívoca da fraude à execução, caso a alienação seja concretizada sem que o devedor tenha lastro patrimonial para garantir o débito que originou a averbação.

Ou seja, a fraude não se concretizaria apenas pela venda do bem sobre o qual recaiu a averbação, sendo necessário o estado de insolvência do devedor[30]. Afinal, a averbação premonitória não impede atos de gestão do patrimônio pelo devedor, mas retira do adquirente do bem a possibilidade de alegar boa-fé na aquisição.

Sobre o efeito de publicidade, a averbação premonitória antecipa os efeitos que seriam atingidos apenas com o registro da penhora, distinguindo-se os institutos, dentro outros aspectos, pelo direito de preferência (art. 797[31], CPC), adquirido apenas com o registro da penhora[32].

Apesar disso, ao prevenir terceiros sobre o risco que paira sobre o bem, o credor resguarda seus direitos, tendo maior tranquilidade para conduzir a execução de forma mais efetiva, observando a ordem de penhora e demais regras procedimentais. Reduz, ainda, a incerteza sobre o êxito do processo executivo, uma vez que o bem objeto da averbação poderá servir para quitação do débito.

Trata-se, portanto, de medida com alto potencial de eficácia, principalmente quando precedida de pesquisa de bens do devedor, e de

---

30 Há quem defenda que, realizada a averbação premonitória, a comprovação do estado de insolvência seria desnecessária: "*Concluímos, portanto, que, para a presente hipótese, bastaria a comprovação do requisito de existência da ação de execução/cumprimento de sentença e a sua averbação junto ao registro público, não sendo necessária sequer a comprovação do estado de insolvência após a alienação do referido bem, uma vez que este ficará vinculado, por intermédio do registro, aos atos de expropriação inerentes ao exequente, até a satisfação da dívida ou comprovação da inexigibilidade do débito.*"(VICELLI, Gustavo de Melo. FURST, Henderson. *Fraude à Execução e a Imprecisão Normativa do Código de Processo Civil.* Revista de Processo. Vol. 303/2020. P. 161.

31 Ressalvado o caso de insolvência do devedor, em que tem lugar o concurso universal, realiza-se a execução no interesse do exequente que adquire, pela penhora, o direito de preferência sobre os bens penhorados.

32 ASSIS. Araken de. Manual da execução. 6. ed. em e-book baseada na 22. ed. Impressa. São Paulo : Thomson Reuters Brasil, 2024.

implementação simples, bastando a obtenção de certidão de admissão da execução, sua averbação no registro competente e posterior informação ao Juízo. A averbação premonitória acautela o direito do credor em relação ao bem, permitindo o prosseguimento da execução ou do cumprimento de sentença com maior segurança jurídica.

4. FRAUDE À EXECUÇÃO NO CONTEXTO DA LEI 14.382/2022

A principal função da averbação premonitória é a presunção de fraude à execução em favor do credor, caso o bem onerado seja alienado em condições de insolvência patrimonial. Sua utilização adquiriu contornos ainda mais relevantes, principalmente no mercado imobiliário, com a vigência da Lei 14.382/2022, em especial pelas alterações que trouxe ao art. 54 da Lei 13.097/2015, reforçando o princípio da concentração nos atos da matrícula, pelo qual "(...)*nenhum fato ou ato jurídico que diga respeito à situação jurídica do imóvel deva ficar fora da publicidade registral, sob pena de inexistir juridicamente para terceiro*"[33].

A intenção do legislador é dar maior segurança ao mercado imobiliário, protegendo o adquirente que, ao consultar a matrícula do imóvel junto à serventia imobiliária, encontrará todas as informações sobre o bem em um único repositório, podendo avaliar os riscos eventualmente envolvidos na operação.

Com a concentração de todas as informações no registro, o direito imobiliário gozaria de maior segurança jurídica, evitando que os adquirentes de boa-fé fossem surpreendidos com constrições oriundas de débitos dos proprietários anteriores, sob a alegação de fraude à execução. O cenário, até a primeira alteração legislativa nesse sentido, era de insegurança jurídica[34]:

> "Até então, a segurança do adquirente de imóveis seria débil, afinal, ressentíamos da falta de um cadastro nacional único de ações em

33 https://www.conjur.com.br/2024-abr-01/avanco-legislativo-na-efetivacao-do-principio-da-concentracao-dos-atos-na-matricula-imobiliaria/

34 A USUCAPIÃO EXTRAJUDICIAL E A CONCENTRAÇÃO DOS ATOS NA MATRÍCULA DO IMÓVEL
The extrajudicial adverse possession and the concentration of information at the real estate registry
Revista de Direito Imobiliário | vol. 83/ 2017 | p. 401 - 421 | Jul - Dez / 2017 DTR\2017\6966 Assuero Rodrigues Neto

curso. Os distribuidores se fracionam em múltiplas circunscrições territoriais. O costume culmina por remeter o adquirente ao standart informacional básico de coletar apenas as certidões de processos ajuizados no domicílio do titular e do local em que se situa o bem de raiz. Todavia, se pende processo contra o alienante em outro local (dentre os 5.570 municípios brasileiros) ou, se houver alterado o domicílio, infelizmente as certidões obtidas serão frágeis."

Existem dispositivos esparsos na legislação que apontavam para a necessidade de concentrar todas as informações na matrícula. Aloísio Santini e Luiz Fernando Pineiro[35], nesse sentido, tratam de algumas previsões do Código Civil:

> "No próprio Código Civil de 2002, já se entendia que o registro é essencial para a produção de efeitos perante os terceiros. É o caso do artigo 521, que trata da venda de bem móvel com reserva de domínio, e de diversas disposições sobre direito empresarial, que protegem os terceiros em face dos atos não registrados na junta comercial (v. artigo 997, parágrafo único, artigo 1.057, parágrafo único, artigo 1.063, §3º, dentre outras).
>
> Além disso, o Código já previa que o registro imobiliário produziria efeitos ainda que inválidos enquanto não promovido o cancelamento por meio de ação própria:
>
> *Art. 1.245. Transfere-se entre vivos a propriedade mediante o registro do título translativo no Registro de Imóveis.*
>
> *§ 1 o Enquanto não se registrar o título translativo, o alienante continua a ser havido como dono do imóvel.*
>
> *§ 2 o Enquanto não se promover, por meio de ação própria, a decretação de invalidade do registro, e o respectivo cancelamento, o adquirente continua a ser havido como dono do imóvel."*

Lamana Paiva, por sua vez, defende que a redação dos arts. 167, inciso II, item 5 e 246, ambos da Lei 6.015/73, serviriam como assento legal ao princípio da concentração, ponderando que o "*Registro*

35 https://www.conjur.com.br/2024-abr-01/avanco-legislativo-na-efetivacao-do-principio-da-concentracao-dos-atos-na-matricula-imobiliaria/. Acesso em: 22/01/25.

de Imóveis tem força atrativa de todos os fatos relevantes aos bens imóveis, servindo como um ímã aos títulos que interessam juridicamente à sociedade"[36].

A maior parte da doutrina, no entanto, parece convergir[37] no entendimento que o princípio da concentração foi positivado com a edição da Lei 13.097/2015, através do art. 54, *caput* e incisos, cuja reação original era:

> Art. 54. Os negócios jurídicos que tenham por fim constituir, transferir ou modificar direitos reais sobre imóveis são eficazes em relação a atos jurídicos precedentes, nas hipóteses em que não tenham sido registradas ou averbadas na matrícula do imóvel as seguintes informações:
>
> I – registro de citação de ações reais ou pessoais reipersecutórias;
>
> II – averbação, por solicitação do interessado, de constrição judicial, do ajuizamento de ação de execução ou de fase de cumprimento de sentença, procedendo-se nos termos previstos do art. 615-A da Lei 5.869, de 11 de janeiro de 1973 – Código de Processo Civil;
>
> III – averbação de restrição administrativa ou convencional ao gozo de direitos registrados, de indisponibilidade ou de outros ônus quando previstos em lei; e
>
> IV – averbação, mediante decisão judicial, da existência de outro tipo de ação cujos resultados ou responsabilidade patrimonial possam reduzir seu proprietário à insolvência, nos termos do inciso II do art. 593 da Lei 5.869, de 11 de janeiro de 1973 – Código de Processo Civil.

O dispositivo deixa claro que, caso não fosse averbado ou registrado qualquer uma dessas situações na matrícula do imóvel, dentre elas a averbação premonitória (inciso II), o terceiro adquirente teria segurança jurídica de que nenhuma situação, que implicasse em anulação, nulidade ou ineficácia, pudesse ser oposta a ele. Ou seja, a consulta à matrícula seria suficiente para garantir a regularidade da alienação, transferindo ao credor o ônus de garantir seu direito[38]:

---

36 ERPEN, Décio Antonio; PAIVA, João Pedro Lamana. *O princípio da concentração dos atos registrais na matrículaimobiliária.* Disponível em: http://irib.org.br/arquivos/biblioteca/20142110_PRINCIPIO_DA_CONCENTRACAO_PAIVA_E_ERPEn1.pdf. Acesso em: 22/01/25.

37 Exemplificativamente: "A Lei 13.097/2015 positivou o princípio da concentração das informações, buscando proporcionar maior segurança jurídica nas relações que envolvam os bens imóveis. Com as alterações introduzidas, eventuais interessados ficam dispensados do ônus de buscar informações nos distribuidores judiciais, bastando-lhes consulta à matrícula do imóvel."

38 SOUSA. Guilherme Soutto. *Concentração de Atos na Matrícula e a Alteração do Standard Jurídico na Due Dili-*

> "Tratava-se de clara tentativa de alterar a responsabilidade pela garantia do direito do credor. Agora, o credor deveria tomar as providências para incluir o seu direito na matrícula do imóvel, ou não teria eficácia perante a sua alienação. Deveria, então, providenciar o registro da penhora, da indisponibilidade ou da existência da ação (vide art. 828 do Código de Processo Civil) na matrícula de imóveis do devedor."

A resolução legislativa, entretanto, não durou muito. Pouco depois, entrou em vigência o atual Código de Processo Civil (Lei 13.105/2015), inserindo no Capítulo sobre a Responsabilidade Patrimonial, o art. 792, IV: "A alienação ou a oneração de bem é considerada fraude à execução: (...) IV – quando, ao tempo da alienação ou da oneração, tramitava contra o devedor ação capaz de reduzi-lo à insolvência;".

Trata-se de uma hipótese genérica de fraude à execução, ao contrário do previsto nos incisos anteriores, podendo atingir qualquer bem do acervo do devedor, desde que sua alienação o leve à insolvência[39]. Não se fez menção acerca da necessidade de averbação ou registro, reestabelecendo a insegurança jurídica, principalmente em relação ao adquirente de boa-fé, uma vez que a fraude poderia ser reconhecida mesmo sem a averbação na matrícula do imóvel.

Isso porque o CPC entrou em vigência após a Lei 13.097/2015, regulamentando de forma específica a fraude à execução, gerando discussões doutrinárias e jurisprudenciais sobre a prevalência da concentração dos atos na matrícula, o que já se mostrava suficiente ao seu enfraquecimento:

> "*Evidente que existia um contexto de discussões acerca da validade ou não da concentração de atos na matrícula em razão das previsões do Código de Processo Civil. Dada a natureza da boa-fé subjetiva, eis que estado de psique do adquirente, a mera existência de debate acerca do tema, indicando dúvida acerca do que é correto, favorecia a realização da ampla due diligence pelo adquirente de boa-fé, eis que esse comportamento é aquele com melhor resultado para manutenção do negócio entabulado.*[40]"

---

gence. Revista IBRADIM de Direito Imobiliário. n.09. Janeiro 2023. São Paulo: Ed. Ibradim. p. 205.

39 VICELLI, Gustavo de Melo. FURST, Henderson. Op. Cit.

40 SOUSA. Guilherme Soutto. Op. Cit.

A jurisprudência, em especial pela Súmula 375[41] do STJ, que indicava a possibilidade de declaração de fraude à execução pela comprovação da má-fé, apontava pela prevalência do subjetivismo inerente a essa comprovação, encontrando-se precedentes no sentido de que a obtenção das certidões dos distribuidores comprovaria a boa-fé[42].

Minguando o princípio da concentração dos atos, o Judiciário indicava que a pesquisa de certidões, justamente o que se buscou evitar com a edição do art. 54 da Lei 13.097/2015, seria fato preponderante para comprovação da boa-fé do adquirente. Mesmo com a vigência da Lei 14.382/2022, ainda é possível encontrar precedentes que entendem pela possibilidade de declaração de fraude à execução, mediante a comprovação da má-fé:

> APELAÇÃO CÍVEL. EMBARGOS DE TERCEIRO. RESTRIÇÃO LANÇADA EM MOTOCICLETA. ADQUIRENTE DE BOA-FÉ. FRAUDE NÃO COMPROVADA. RECURSO NÃO PROVIDO. 1 – O Superior Tribunal de Justiça firmou entendimento de que, "o reconhecimento da fraude à execução depende do registro da penhora do bem alienado ou da prova de má-fé do terceiro adquirente" (Súmula 375 do STJ). 2 – Não comprovada a má-fé do adquirente, deve ser mantida a sentença por meio da qual o MM. Juiz acolheu os embargos de terceiro, para desconstituir a restrição. (TJMG – Apelação Cível 1.0000.24.488469-8/001, Relator(a): Des.(a) Adilon Cláver de Resende (JD Convocado) , 11ª CÂMARA CÍVEL, julgamento em 18/12/2024, publicação da súmula em 18/12/2024)

> AGRAVO DE INSTRUMENTO – CUMPRIMENTO DE SENTENÇA–PRELIMINAR–NULIDADE DA DECISÃO–REJEITADA

41 O reconhecimento da fraude à execução depende do registro da penhora do bem alienado ou da prova de má-fé do terceiro adquirente.

42 EMBARGOS DE TERCEIROS - REVELIA - RECONHECIMENTO QUE NÃO ACARRETA A PROCEDÊNCIA AUTOMÁTICA DO PEDIDO - ALIENAÇÃO DE BEM IMÓVEL ANTERIOR AO REGISTRO DA PENHORA - DISPENSA PELO COMPRADOR DE CERTIDÃO - EXISTÊNCIA DE EXECUÇÃO ANTERIOR À SUPOSTA ALIENAÇÃO - BOA-FÉ AFASTADA - FRAUDE À EXECUÇÃO - BENEFÍCIO DE ORDEM - IMPOSSIBILIDADE - RECURSO NÃO PROVIDO. (...) O adquirente de qualquer imóvel deve acautelar-se, obtendo certidões dos cartórios distribuidores judiciais que lhe permitam verificar a existência de processos envolvendo o comprador, nos quais possa haver constrição judicial (ainda que potencial) sobre o imóvel negociado. - A ausência de verificação pelo adquirente das ações judiciais propostas em face do alienante, viola a boa-fé objetiva, já que contraria padrão de conduta mínimo exigível em negócios desta natureza. - Incabível a invocação do benefício de ordem, diante da consequência inevitável do reconhecimento da fraude à execução. (TJMG - Apelação Cível 1.0000.24.118086-8/001, Relator(a): Des.(a) Juliana Campos Horta , 1ª CÂMARA CÍVEL, julgamento em 25/06/2024, publicação da súmula em 26/06/2024)

> – MÉRITO – FRAUDE À EXECUÇÃO – SÚMULA 375 DO STJ – REQUISITOS DEMONSTRADOS – DECISÃO MANTIDA. (...) Para se configurar fraude à execução, é necessária a comprovação de que tenha ocorrido a citação válida do devedor, que haja registro da penhora do bem alienado ou que seja provada a má-fé do terceiro adquirente. Demonstrado que a executada não possui ativos financeiros em seu nome e que cedeu seus imóveis para integralizar capital social de sociedade que possui o mesmo administrador, resta provada a má-fé da agravante, autorizando o reconhecimento da fraude à execução. (TJMG – Agravo de Instrumento-Cv 1.0000.23.271644-9/001, Relator(a): Des.(a) Aparecida Grossi , 17ª CÂMARA CÍVEL, julgamento em 11/12/2024, publicação da súmula em 12/12/2024)

Nesse contexto, em novo esforço legislativo, foi promulgada a Lei 14.382/2022, oriunda da Medida Provisória 1.085, de 2021. A principal alteração da legislação foi a criação das disposições sobre o Sistema Eletrônico de Registro de Imóveis (SERP), visando à modernização dos serviços prestados pelo Cartório, aumento da eficiência e desburocratização. Em relação à concentração na matrícula, as alterações oriundas da lei foram as seguintes:

> "Art. 16. O art. 54 da Lei 13.097, de 19 de janeiro de 2015, passa a vigorar com as seguintes alterações, numerado o parágrafo único como § 1º:
> Art. 54. ....
>
> ....
>
> II – averbação, por solicitação do interessado, de constrição judicial, de que a execução foi admitida pelo juiz ou de fase de cumprimento de sentença, procedendo-se nos termos previstos no art. 828 da Lei 13.105, de 16 de março de 2015 (Código de Processo Civil);
>
> ....
>
> IV – averbação, mediante decisão judicial, da existência de outro tipo de ação cujos resultados ou responsabilidade patrimonial possam reduzir seu proprietário à insolvência, nos termos do inciso IV do *caput* do art. 792 da Lei 13.105, de 16 de março de 2015 (Código de Processo Civil).
>
> § 1º Não poderão ser opostas situações jurídicas não constantes da matrícula no registro de imóveis, inclusive para fins de evicção, ao terceiro de boa-fé que adquirir ou receber em garantia direitos reais sobre

o imóvel, ressalvados o disposto nos arts. 129 e 130 da Lei 11.101, de 9 de fevereiro de 2005, e as hipóteses de aquisição e extinção da propriedade que independam de registro de título de imóvel.

§ 2º Para a validade ou eficácia dos negócios jurídicos a que se refere o *caput* deste artigo ou para a caracterização da boa-fé do terceiro adquirente de imóvel ou beneficiário de direito real, não serão exigidas:
I – a obtenção prévia de quaisquer documentos ou certidões além daqueles requeridos nos termos do § 2º do art. 1º da Lei 7.433, de 18 de dezembro de 1985; e
II – a apresentação de certidões forenses ou de distribuidores judiciais.

Os principais pontos, pelo menos para o objeto deste artigo, são a menção ao inciso IV, do art. 792 do CPC, no inciso IV do art. 54 da Lei 13.097/15. A inserção dessa referência no texto normativo indica a intenção do legislador de reforçar o princípio da concentração, tratando de forma direta do dispositivo que causou a insegurança noticiada.

Reforça-se a necessidade da averbação para fins de invalidade dos negócios imobiliários, retirando, a nosso ver, a possibilidade de declaração de fraude à execução pela insolvência do devedor, sem que a ação tenha sido averbada na matrícula, pelo menos no que diz respeito à alienação de imóveis.

O §2º do art. 54, acrescido pela nova legislação, é ainda mais incisivo, indicando que a validade dos negócios jurídicos referidos no *caput* e a comprovação da boa-fé do terceiro adquirente demandarão apenas a "*apresentação do documento comprobatório do pagamento do Imposto de Transmissão inter vivos, as certidões fiscais e as certidões de propriedade e de ônus reais, ficando dispensada sua transcrição*" (art. 1º, §2º, da Lei 7.433/85).

Tratando-se de norma mais recente e mais específica que o CPC, a declaração de fraude à execução, sem as averbações prescritas no art. 54 da Lei 13.097/20154, pelo menos em relação às negociações imobiliárias, parece-nos inviável, uma vez que a falta de obtenção de certidões de distribuidores e outros documentos, por si só, não mais afastam a boa-fé do adquirente:

"Assim, vez que o dispositivo determina expressamente que a apresentação de certidões forenses é irrelevante para confirmação da validade ou eficácia de negócios ou jurídicos e caracterização de boa-fé, há inexigibilidade de emissão das certidões pelo adquirente de boa-fé. Logo, havendo inexigibilidade de conduta diversa, o adquirente que deixa de emitir certidões não poderá ser penalizado baseado por essa atitude, se verifica singularmente."[43]

Dessa forma, e principalmente pela dificuldade de se afirmar que a nova legislação irá surtir os efeitos almejados desde a edição da Lei 13.097/15, a averbação premonitória adquire caráter essencial para resguardar os interesses do credor e alertar terceiros sobre os riscos envolvidos na alienação do imóvel.

Apenas com sua realização é que o credor irá garantir, à margem de qualquer dúvida e interpretação subjetiva sobre possível má-fé – agora não mais comprovável pela falta de obtenção de documentos-, que a alienação do imóvel não pode surtir efeitos em relação ao seu crédito. Assim, cumpridos os trâmites do procedimento executivo, poderá prosseguir com a penhora e, posteriormente, adjudicação ou alienação do imóvel.

É nítida a preocupação do legislador, e da própria sociedade, com a insegurança jurídica gerada no mercado imobiliário com a possibilidade de as operações serem desconsideradas por questões não constantes na matrícula, parecendo-nps acertado e sem volta o rumo tomado com a concentração dos atos na matrícula. Dessa forma, mesmo que a aplicação da nova redação do art. 54, incisos e §2, da Lei 13.097/15 ainda seja tímida na jurisprudência, a averbação premonitória se revela o meio inequívoco para assegurar os direitos do credor.

CONCLUSÃO

O desafogamento do Poder Judiciário é absolutamente necessário para que os princípios constitucionais de acesso à justiça e celeridade sejam efetivados. O caminho mais claro para tanto é o da

43 SOUSA. Guilherme Soutto. Op. Cit. P. 209.

desjudicialização, adotando-se as serventias extrajudiciais como meio para realização de procedimentos que, até pouco tempo atrás, eram exclusivos do Poder Judiciário.

O cenário de pouca eficiência nos processos de execução, constatado pelos números recentemente divulgados pelo CNJ, impõe a necessidade de postura mais ativa – e menos reativa – dos credores, utilizando-se dos meios disponíveis para majorar as chances de recebimento do crédito.

Nessa linha, a averbação premonitória, presente no ordenamento jurídico desde 2.006, ganha ainda mais relevância com as alterações promovidos no art. 54 da Lei 13.097/15 pela Lei 14.382/2022, reforçando o princípio da concentração dos atos na matrícula. Sua realização se torna essencial para garantir o direito do credor em relação ao imóvel, afastando a presunção de boa-fé de terceiro adquirente e evitando a dilapidação patrimonial no curso da execução.

Por demandar pouca intervenção do Poder Judiciário, bastando a obtenção da certidão de admissão da execução e a posterior informação sobre as averbações realizadas, sua utilização tende a ser célere e aumentar as chances de eficácia. Isso porque, realizada a averbação atinge-se os mesmos efeitos de publicidade inerentes à penhora, conferindo segurança jurídica ao credor até a que a constrição possa ser efetivada.

As atualizações na legislação específica e a busca por maior confiabilidade no mercado imobiliário indicam que a concentração dos atos na matrícula tende a ganhar cada vez mais força, impondo ao credor o ônus de ser diligente e buscar acautelar o recebimento do seu crédito. Nesse cenário, a averbação premonitória, subutilizada na prática forense, revela-se como alternativa extrajudicial sólida e eficaz, também em prestígio a fomento da atividade registral.

REFERÊNCIAS

ASSIS, Araken de. Manual da execução. 6. ed. em e-book baseada na 22. ed. impressa. São Paulo: Thomson Reuters Brasil, 2024.

BALDISSERA, Leonardo; PERGORARO JR, Paulo Roberto. Averbação Premonitória no Novo

CONSELHO NACIONAL DE JUSTIÇA (CNJ). Estratégia Nacional do Poder Judiciário 2009-2014: Indicadores - Taxa de Congestionamento. Disponível em: https://www.cnj.jus.br/gestao-estrategica-e-planejamento/estrategia-nacional-do-poder-judiciario-2009-2014/indicadores/03-taxa-de-congestionamento/.

CONSELHO NACIONAL DE JUSTIÇA (CNJ). Justiça em Números 2024. Disponível em: https://justica-em-numeros.cnj.jus.br/painel-estatisticas/.

ERPEN, Décio Antonio; PAIVA, João Pedro Lamana. O princípio da concentração dos atos registrais na matrícula imobiliária. Disponível em: http://irib.org.br/arquivos/biblioteca/20142110_PRINCIPIO_DA_CONCENTRACAO_PAIVA_E_ERPEn1.pdf. Acesso em: 22 jan. 2025.

INSTITUTO DC. Carta de Florianópolis. Disponível em: https://institutodc.com.br/wp-content/uploads/2017/06/FPPC-Carta-de-Florianopolis.pdf.

MEDINA, José Miguel Garcia. Execução civil – Princípios fundamentais. São Paulo: Ed. RT, 2002. p. 98.

MIGALHAS. Extrajudicialização: o fenômeno da desjudicialização com nome certo. Disponível em: https://www.migalhas.com.br/coluna/migalhas-notariais-e-registrais/386827/extrajudicializacao-o-fenomeno-da-desjudicializacao-com-nome-certo.

PAIVA, João Pedro Lamana. A fraude à execução e a averbação acautelatória e/ou premonitória à luz das inovações trazidas pelas leis 11.382/2006 e 11.419/2006. Revista de Direito Imobiliário, v. 64, p. 158, São Paulo: Ed. RT, jan.-jun. 2008.

RODRIGUES, Marcelo Guimarães. As inovações da Lei 11.382/2006 e seus reflexos no registro de imóveis. Revista de Direito Imobiliário, v. 63, p. 273, São Paulo: Ed. RT, jul.-dez. 2007.

RODRIGUES, Marcelo Guimarães. Op. cit., p. 273.

RODRIGUES, Marcelo Guimarães. Op. cit., p. 274.

RODRIGUES, Marcelo Guimarães. Op. cit., p. 276.

RODRIGUES NETO, Assuero. A usucapião extrajudicial e a concentração dos atos na matrícula do imóvel. Revista de Direito Imobiliário, v. 83, p. 401-421, jul.-dez. 2017. DTR/2017/6966.

SANTINI, Aloísio; PINHEIRO, Luiz Fernando. Avanço legislativo na efetivação do princípio da concentração dos atos na matrícula imobiliária. Consultor Jurídico, 1 abr. 2024. Disponível em: https://www.conjur.com.br/2024-abr-01/avanco-legislativo-na-efetivacao-do-principio-da-concentracao-dos-atos-na-matricula-imobiliaria/.

SOUSA, Guilherme Soutto. Concentração de Atos na Matrícula e a Alteração do Standard Jurídico na Due Diligence. Revista IBRADIM de Direito Imobiliário, n. 09, p. 205, jan. 2023. São Paulo: Ed. Ibradim.

SOUSA, Guilherme Soutto. Op. cit., p. 209.

VICELLI, Gustavo de Melo; FURST, Henderson. Fraude à Execução e a Imprecisão Normativa do Código de Processo Civil. Revista de Processo, v. 303, p. 161, 2020.

REGULARIZAÇÃO FUNDIÁRIA URBANA: É POSSÍVEL REALIZÁ-LA LOTE A LOTE?

AMANDA TORQUATO DUARTE

INTRODUÇÃO

O direito à propriedade foi consagrado como direito fundamental pela Constituição Federal de 1988 (CF/88), tanto no *caput* do art. 5º, quanto no inciso XXII. Em ambas as situações é assegurado ao proprietário o direito de permanecer no imóvel.

Contudo, além de reconhecer a propriedade como direito individual, a CF/88 impõe a obrigação de que cumpra sua função social, definida, no âmbito urbano, como as exigências fundamentais de ordenação da cidade, expressas no plano diretor (art. 182, § 2º).

Essa norma constitui o instrumento legal destinado a definir como e qual a melhor maneira de instituir edificações, atendendo a critérios econômicos, sociais, ambientais, estéticos e outros, definidos pelo Poder Público Municipal, que melhor conhece o espaço urbano e as características locais.

Ocorre que, embora o reconhecimento da função social da propriedade no plano normativo já represente grande conquista, sua implementação prática, em favor do desenvolvimento urbano, ainda está em processo de amadurecimento.

Não é novidade que, após a Revolução Industrial, houve o crescimento acelerado e desordenado das cidades, o que desencadeou os chamados núcleos urbanos informais, muitas vezes ocupados de forma clandestina e totalmente precária, sem acesso a condições mínimas de infraestrutura.

Com isso, surgiram as políticas públicas que visam contornar essa situação, dentre as quais se enquadra o procedimento de regularização fundiária urbana, previsto na Lei 13.465/2017. Nela, estabeleceram-se medidas jurídicas, ambientais e sociais, destinadas à incorporação dos núcleos urbanos informais ao ordenamento territorial urbano e à titulação de seus ocupantes.

Esse artigo abordará algumas das diretrizes desse diploma normativo para a efetivação da função social da propriedade, com ênfase na avaliação da viabilidade de realizar a regularização fundiária urbana por etapas, 'lote a lote'. Será apresentado como referência precedente específico do Tribunal de Justiça de Minas Gerais que analisou o tema, posteriormente corroborado pela altereração do próprio Código de Normas das Serventias Extrajudiciais de Minas Gerais – Provimento 93/2020.

1. O QUE É E QUAIS SÃO OS OBJETIVOS DA REGULARIZAÇÃO FUNDIÁRIA URBANA

A própria Lei 13.465/2017 esclarece que a regularização fundiária urbana (REURB) envolve o conjunto de medidas jurídicas, urbanísticas, ambientais e sociais, com o objetivo de integrar os núcleos urbanos informais ao ordenamento territorial urbano.

De acordo com o art. 11, II, considera-se núcleo urbano o assentamento humano, com uso e características urbanas, constituído por unidades imobiliárias de área inferior à fração mínima de parcelamento prevista na Lei 5.868/1972, independentemente da propriedade do solo, ainda que situado em área qualificada ou inscrita como rural.

Já o núcleo urbano informal é aquele clandestino ou no qual não foi possível realizar, por qualquer modo, a titulação de seus ocupantes, ainda que tenha sido atendida a legislação vigente na época de sua implantação ou regularização.

Trata-se, portanto, de procedimento voltado para ocupações passadas, onde o uso do solo é destinado a fins urbanos, mesmo que localizado em áreas qualificadas como rurais. Nesse sentido, ratifica Michely Freire Fonseca Cunha (2021, p. 35-36):

> A legislação atinente à regularização fundiária (REURB) se aplica para situações pretéritas, ou seja, ao que já existe. Não se deve usar o procedimento de REURB para aprovação de parcelamentos do solo ou empreendimentos novos, ante a disponibilização de flexibilizações de natureza urbanística, ambiental e registral.
>
> (...)
>
> Atualmente, portanto, coexistem dois sistemas jurídicos distintos que atendem ao art. 182 da CF/88:
>
> – aquele destinado a situações pretéritas ou informais regulados pela Lei 13.465/17;
>
> – aquele vigente para o planejamento urbano (Lei 10.257/01, Lei 6.766/79, Lei 4.591/67), ou seja, atinente a situações futuras.

Assim, entre as primeiras e principais metas, encontra-se a identificação dos locais em que se encontram os núcleos urbanos informais a serem regularizados. Fernando Henrique Rovere de Godoy ensina (2017, p. 455-476):

> A regularização fundiária urbana deve fazer parte do planejamento urbano, exigindo que o Poder Público, em primeiro lugar, conheça seu território e as formas com que foi ocupado, a partir do que serão elaboradas as estratégias para enfrentamento das diversas formas de ocupações irregulares. O foco da regularização fundiária urbana deve ser a melhoria da qualidade de vida, o que está em consonância com um dos objetivos da política de desenvolvimento urbano traçados pelo art. 182 da Constituição Federal.

Evidentemente, não é possível pensar nesse planejamento sem considerar os objetivos elencados no art. 10 da Lei 13.465/2017, que perpassam pela concretização do princípio constitucional da eficiência na ocupação e uso do solo, bem como ampliação do acesso à terra urbanizada pela população de baixa renda, incluindo, especialmente, a constituição sobre elas de direitos reais em favor dos seus ocupantes.

Além disso, necessário considerar a integração social e a geração de emprego e renda, pois "o *núcleo regularizado deve efetivamente passar a fazer parte da cidade formal, não se admitindo nenhuma forma de segregação de seus ocupantes"* (GODOY, 2017).

Em complemento, a regularização fundiária urbana não diz respeito apenas ao direito à moradia, mas também ao direito a condições de vida adequadas, assegurando que todos tenham acesso às oportunidades de participação na cidade e à construção de um espaço mais digno.

2. ART. 36, § 2° DA LEI 13.465/2017: IMPLEMENTAÇÃO POR ETAPAS E ABRANGÊNCIA PARCIAL

Diante dessa perspectiva macro, o art. 36, § 2°, da Lei 13.465/2017 chama a atenção: *"A Reurb pode ser implementada por etapas, abrangendo o núcleo urbano informal de forma total ou parcial"*.

Esse dispositivo é relevante, pois permite a fragmentação do núcleo urbano informal, possibilitando sua regularização de forma parcial.

Contudo, a norma não define o grau máximo de divisão permitido para a efetivação da regularização fundiária urbana, não estabelecendo, de forma clara, as condições para a implementação gradual desse procedimento.

No Estado de Minas Gerais, o Código de Normas das Serventias Extrajudiciais – Provimento 93/2020, ao regulamentar a matéria, até janeiro de 2025, também não esclarecia a questão, repetindo originalmente a mesma premissa do Provimento 44/2015, do Eg. Conselho Nacional de Justiça:

> Provimento CNJ 44/2015:
> Art. 26. (...)
> § 2° O requerente poderá, também, optar por fazer a regularização em etapas, ainda que lote a lote, arquivando-se os documentos ao proceder-se à primeira regularização, bastante mero requerimento quanto aos lotes seguintes.
>
> Provimento TJMG 93/2020:
> Art. 1.113. O beneficiário individual também poderá optar por fazer a

> regularização em etapas, ainda que lote a lote, devendo a CRF conter, no mínimo, a indicação das quadras do núcleo urbano e, dentre estas, a localização do imóvel em regularização, independentemente do rito adotado e da modalidade eleita.

A análise isolada desses dispositivos poderia induzir à interpretação de que seria admissível a regularização de um único imóvel, uma vez que ambos se referiam à possibilidade de realização do procedimento "ainda que lote a lote".

No entanto, essa interpretação não parece coincidir com os objetivos centrais estabelecidos pela norma. Embora o fracionamento da regularização fundiária seja permitido, sua aplicação não ocorre de forma desordenada, nem direcionada a único imóvel ou a alguns beneficiários selecionados dentro do núcleo urbano informal.

Em regra, é necessário apresentar trabalhos que confirmem a atual característica do núcleo e as propostas de maior organização e melhoria na prestação de serviços públicos aos seus ocupantes, sempre com vistas a assegurar condições urbanísticas e ambientais superiores àquelas existentes. Trata-se do "*projeto de regularização fundiária*", previsto no art. 28, III, da Lei 13.465/2017.

O projeto de regularização fundiária deve conter, no mínimo, os elementos elencados no art. 35 da norma:

> I – levantamento planialtimétrico e cadastral, com georreferenciamento, subscrito por profissional competente, acompanhado de Anotação de Responsabilidade Técnica (ART) ou Registro de Responsabilidade Técnica (RRT), que demonstrará as unidades, as construções, o sistema viário, as áreas públicas, os acidentes geográficos e os demais elementos caracterizadores do núcleo a ser regularizado;
> II – planta do perímetro do núcleo urbano informal com demonstração das matrículas ou transcrições atingidas, quando for possível;
> III – estudo preliminar das desconformidades e da situação jurídica, urbanística e ambiental;
> IV – projeto urbanístico;
> V – memoriais descritivos;
> VI – proposta de soluções para questões ambientais, urbanísticas e de reassentamento dos ocupantes, quando for o caso;

VII – estudo técnico para situação de risco, quando for o caso;

VIII – estudo técnico ambiental, para os fins previstos nesta Lei, quando for o caso;

IX – cronograma físico de serviços e implantação de obras de infraestrutura essencial, compensações urbanísticas, ambientais e outras, quando houver, definidas por ocasião da aprovação do projeto de regularização fundiária; e

X – termo de compromisso a ser assinado pelos responsáveis, públicos ou privados, pelo cumprimento do cronograma físico definido no inciso IX deste artigo.

Essas peculiaridades não conseguem ser abordadas em pedidos pontuais e isolados, centrados em único lote ou unidade imobiliária, o que, por si só, demonstra a incompatibilidade dessa divisão com o procedimento da regularização fundiária urbana.

O próprio conceito de núcleo urbano, trazido pelo legislador ordinário, não permite conclusão diversa, haja vista que menciona o assentamento humano constituído por 'unidades imobiliárias', no plural, o que decorre, inclusive, do conceito de núcleo, que não pode ser compreendido ou interpretado com base em único imóvel.

Ou seja, não há como único lote apartado formar o conceito de 'núcleo urbano' passível de regularização fundiária, visto que é necessário que haja mais de uma unidade para esse fim. Nesse sentido, ratifica Vanêsca Buzelato Prestes (2021, p. 164):

> São requisitos para o deferimento da REURB: a) estar caracterizado o núcleo urbano. Isto significa que não cabe REURB para casos individuais, isolados, pois o núcleo urbano deve ser preexistente, estar implantado. Neste particular, destaca-se que os municípios podem e devem definir o que consideram núcleo urbano a ser regularizado, para os fins desta Lei; b) cumprir os requisitos quanto ao marco temporal, ou seja, o núcleo urbano a ser regularizado deve ser preexistente à Lei 13.465/2017; no caso de REURB-S com titulação dos lotes por meio de legitimação fundiária, o núcleo urbano deve ser anterior a dezembro de 2016 (Lei 13.465/2017, art. 9º, §2º); e, em área de preservação permanente, deve ser observado o disposto no Código Floresta.

Esse entendimento é igualmente reforçado pelas Diretorias de Regularização Fundiária e de Uniformização de Procedimentos da Associação dos Registradores de Imóveis do Paraná – ARIPAR, conforme consta na Cartilha REURB: Poder Público, lançada em fevereiro de 2024[44] (p. 11):

> O que podemos extrair destes conceitos?
>
> – É permitido realizar a REURB em imóveis de propriedade pública ou privada.
>
> – A expressão "assentamento humano" pressupõe que o núcleo regularizado tenha, no mínimo, uma quadra. Não é permitido realizar a REURB de lote único.
>
> – O núcleo deve ter uso e características urbanas, ou seja, pode estar localizado em área qualificada ou inscrita como rural.
>
> (...)

A análise lógica e gramatical da norma, portanto, não permitia outra conclusão senão a de que o tamanho mínimo necessário para a regularização fundiária seria o de uma quadra. Esse ponto também foi destacado por Michely Freire Fonseca ao tratar sobre REURB por trechos (2021, p. 54):

> 1.6.1 REURB por trechos
>
> É a possibilidade de seccionar o núcleo maior (toda a cidade) em núcleos menores (conjunto de bairros, bairro, conjunto de quadras ou uma quadra). Veja o exemplo citado no art. 87, § 3º do Decreto 9.310/18.
>
> Art. 87 (...) § 3º O registro do parcelamento das glebas previsto neste artigo poderá ser feito por trechos ou etapas, independentemente de retificação ou apuração de área remanescente.

Desse modo, parecia claro que o procedimento de regularização fundiária urbana não poderia ser utilizado para proteger exclusivamente direito individual, por meio da titulação de único bem imóvel. Para tais situações, deveria ser aplicado instrumento jurídico distinto, como a usucapião.

44 Disponível em: https://aripar.org/wp-content/uploads/2024/06/Cartilha-Digital-REURB-1.pdf.

3. AVALIAÇÃO DO TRIBUNAL DE JUSTIÇA DE MINAS GERAIS

De toda forma, essa nem sempre foi a interpretação sobre o assunto. Em recente deliberação acerca da suscitação de dúvida apresentada pelo Registrador de Imóveis de Salinas, em Minas Gerais, o Juiz da 1ª Vara Cível, Criminal e de Execuções Penais da Comarca, entendeu, com base na redação original do art. 1.113 do Provimento Conjunto 93/2020, possível a regularização fundiária urbana de lote individual. Confira-se trechos da sentença, extraídos dos autos 5001347-16.2022.8.13.0570:

> A controvérsia dos presentes autos cinge-se na possibilidade ou não da regularização fundiária urbana por etapa "lote a lote" como pretende o Município de Salinas/MG.
> Dispõe o art. 36 em seu §2°, lei 13.465/17, que: *"A Reurb pode ser implementada por etapas, abrangendo o núcleo urbano informal de forma total ou parcial."*.
> O artigo 1.113 do Provimento Conjunto 93/2020, prevê que o beneficiário individual também poderá optar por fazer a regularização em etapas, ainda que lote a lote, devendo a CRF conter, no mínimo, a indicação das quadras do núcleo urbano e, dentre estas, a localização do imóvel em regularização, independentemente do rito adotado e da modalidade eleita.
> Portanto, (...) plenamente possível que a regularização fundiária seja realizada em etapas "lote a lote", nos moldes almejados pelo Município de Salinas/MG e pelo Instituto Cidade Legal.

Diante dessa conclusão e considerando que ao Oficial compete o dever de impedir o registro de títulos que não atendam aos requisitos legais, o Registrador de Salinas interpôs Apelação ao Eg. Tribunal de Justiça de Minas Gerais[45]. Em seu recurso destacou, exatamente, que a lei permite a secção do núcleo no tamanho mínimo de uma quadra, não sendo possível a titulação de ocupante de determinada unidade sem o prévio parcelamento desse trecho.

---

45 Nota-se que essa situação se encontra entre as que autorizam o reconhecimento da legitimidade recursal dos Oficiais de Registro em Suscitação de Dúvida, como abordado no artigo "A legitimidade Recursal dos Oficiais de Registro na Suscitação de Dúvida", presente nesta edição.

O recurso, distribuído à 21ª Câmara Cível Especializada em Registros Públicos do Tribunal Mineiro, foi provido. Conforme destacou o Exmo. Desembargador José Eustáquio Lucas Pereira:

> Este Relator não desconhece que a Lei 13.465/17, em seu artigo 36, § 2º, bem como a redação do artigo 1.113 do Provimento Conjunto 93/2020, dispõe sobre a possibilidade de implementação da Reurb por etapas: (...) Não obstante, embora lícito em determinados casos, o fracionamento, o art. 28, III, da Lei 13.465/17 dispõe que a Reurb deverá obedecer a algumas fases, dentre elas a elaboração do projeto de regularização fundiária (PRF), que deverá conter, segundo disposição do art. 35 da supracitada Lei, no mínimo:
>
> > I – levantamento planialtimétrico e cadastral, com georreferenciamento, subscrito por profissional competente, acompanhado de Anotação de Responsabilidade Técnica (ART) ou Registro de Responsabilidade Técnica (RRT), que demonstrará as unidades, as construções, o sistema viário, as áreas públicas, os acidentes geográficos e os demais elementos caracterizadores do núcleo a ser regularizado;
> >
> > II – planta do perímetro do núcleo urbano informal com demonstração das matrículas ou transcrições atingidas, quando for possível;
> >
> > (...)
>
> Assim, entendo ser imprescindível a elaboração do projeto em observância às exigências elencadas nos incisos do supracitado art. 35. Ressalte-se, ainda, que a Lei autoriza a dispensa do PRF apenas em situações excepcionais, tais quais as descritas no art. 21, §2º, do Decreto 9.310/18, a saber:
>
> > Art. 21. A Reurb obedecerá às seguintes fases:
> >
> > [...]
> >
> > III – elaboração do projeto de regularização fundiária;
> >
> > [...]
> >
> > § 2º A elaboração do projeto de regularização fundiária é obrigatória para qualquer Reurb, independentemente do instrumento que tenha sido utilizado para a titulação, exceto: I – na hipótese prevista no art. 69 da Lei 13.465, de 2017, e
> >
> > II – quando se tratar de núcleos urbanos já regularizados e registrados em que a titulação de seus ocupantes se encontre pendente.

> Assim, a dispensa do PRF é permitida apenas quando possível utilizar o rito previsto no art. 69, da Lei 13.465/17, voltado às "glebas parceladas para fins urbanos anteriormente a 19 de dezembro de 1979", ou quando o núcleo urbano já se encontrar regularizado e registrado, restando pendente apenas a titulação dos ocupantes.
>
> Não se enquadrando o caso dos autos nos referidos incisos, não há que se falar em dispensa do PRF, restando acertada a nota devolutiva que listou algumas inconsistências, dentre elas, a necessidade de apresentação correta do Projeto de Regularização Fundiária.

O Exmo. Desembargador Marcelo Rodrigues também ponderou que o procedimento de regularização fundiária urbana deve ser desenvolvido a partir da lavratura do Auto de Demarcação Urbanística, no qual a área a ser regularizada envolve, necessariamente, mais de uma matrícula ou transcrição, com proprietários distintos, conforme estabelecido no art. 12 do Provimento CNJ 44/2015. Por fim, complementou:

> De fato, a implementação de políticas urbanísticas não é questão afeta à subjetividade do administrador.
>
> A tão apregoada dignidade da pessoa humana somente estará compromissada – falando-se, no caso concreto, em condições básicas garantidas pelo Estado (em sentido amplo) – onde a todos e a qualquer um estiver assegurada nem mais nem menos do que uma vida saudável, o que demanda qualidade, equilíbrio e segurança do ambiente onde a vida humana está sediada.
>
> Então, em ordem a regularização do loteamento, alguns requisitos devem ser atendidos. Mas que, em tese, ainda que viável em determinados casos o fracionamento do Reurb-S, o art. 28, inciso III, da Lei 13.465, de 2017 vincula a observação de algumas fases, dentre elas a elaboração do Projeto de Regularização Fundiária (PRF), com os requisitos mínimos do art. 35 da normativa mencionada.

O acórdão transitou em julgado em 12 de setembro de 2024, reafirmando a inadequação de medidas de adequação e melhoria habitacional, essenciais para a efetivação da regularização fundiária urbana, voltadas e planejadas para única unidade.

Inclusive, com base em estudos conduzidos pela Comissão Especial de Trabalho para a atualização do Provimento 93/2020, foram inseridos parágrafos específicos sobre o tema, que passaram a prever no art. 1.113, que: "o projeto de regularização fundiária levado a registro deverá conter um trecho mínimo de área que envolva um número mínimo de lotes a serem regularizados" e, ainda, vedando expressamente "o registro de REURB de unidade individual", de modo a sanar quaisquer dúvidas remanescentes sobre a questão.

4. CONSIDERAÇÕES FINAIS

Diante desse escopo, a complexidade e os desafios do processo de integração dos núcleos urbanos informais ao ordenamento territorial são evidentes. Embora a legislação permita a implementação do processo de regularização fundiária urbana por etapas, o art. 36, § 2º, da Lei 13.465/2017, abre margem para interpretações quanto à viabilidade da regularização de único lote.

Entretanto, importantes estudiosos do tema têm enfatizado a necessidade de exigir a concretização de processo estruturado, abrangente e coletivo, e não a solução pontual e destinada apenas a interesses individuais.

Precedente do Eg. Tribunal de Justiça de Minas Gerais corrobora essa visão, porquanto reformada sentença proferida em suscitação de dúvida que autorizava a regularização individual, em vez de tratar do núcleo informal como um todo, o que, nos dizeres do Exmo. Desembargador José Eustáquio Lucas Pereira: *"pode ocasionar erros nos assentos registrais, ferindo a segurança jurídica e a higidez do que se espera dos assentamentos públicos".*

Posteriormente, a mais recente alteração do Provimento 93/2020 reflete essa preocupação. O novo texto reforça que a REURb deve abranger áreas mais amplas e não se limitar à regularização de unidades isoladas.

Nesse sentido, confirma-se ser essencial considerar a finalidade da respectiva política pública, que visa garantir a função social da propriedade. Isso exige a cooperação entre os entes federativos, o envolvimento dos Oficiais de Registro e o adequado planejamento, que deve ser amplo e detalhado, com o objetivo de alcançar a verdadeira melhoria da qualidade de vida da população mais vulnerável e a adequação dos espaços urbanos.

REFERÊNCIAS

CUNHA, Michely Freire Fonseca. *Manual de Regularização Fundiária Urbana – REURB.* 2ª edição – São Paulo: Editora JusPodivm, 2021, p. 35-36.

GODOY, Fernando Henrique Rovere de Godoy. *A regularização fundiária urbana de acordo com a Lei 13.465/2017: Uma tentativa de inserir a cidade informal dentro da cidade formal.* Revista de Direito Imobiliário, vol. 83/2017, p. 455-476.

CUNHA, Michely Freire Fonseca. *Op. Cit.* p. 54.

PRESTES, Vanêsca Buzelato. *Procedimentos na REURB: A atuação dos municípios.* In: REURB: Regularização Fundiária Urbana: aspectos teóricos e práticos. Sílvia Cappelli, André Dickstein, Paulo Locatelli, Alexandre Gaio (org.). – Rio de Janeiro, RJ: MPRJ, IERBB, ABRAMPA, MPSC, 2021, p. 164.

SILVA. Clícia Maria Roquetto. BUFFO, Mariana Belo Rodrigues. ARAÚJO. Danusa Maria de Camargo Dias (org). Associação dos Registradores de Imóveis do Paraná – ARIPAR. *Cartilha REURB: Poder Público.* Disponível em: https://aripar.org/wp-content/uploads/2024/06/Cartilha-Digital-REURB-1.pdf. Acesso em: 06.01.2025, 2024, p. 11.

MARCO LEGAL DAS GARANTIAS E O SISTEMA DE JUSTIÇA MULTIPORTAS: ATUAÇÃO DOS TABELIÃES DE NOTAS COMO MEDIADORES, CONCILIADORES OU ÁRBITROS

SÁVIO LUIZ MARTINS PEREIRA

1. INTRODUÇÃO

No dinamismo da realidade econômica, em que os desafios são complexos e variados, é sempre presente a busca por novos arranjos normativos e institucionais que promovam o desenvolvimento econômico e criem valor à sociedade. O objeto do presente escrito, o Marco Legal das Garantias (Lei 14.711/23), é um dos resultados dessa perene procura e inaugura importante paradigma no mercado de crédito brasileiro, com reflexos em diversos outros segmentos.

Dentre seus objetivos[46], listam-se modernizar e fortalecer o sistema de garantias e recuperação de crédito, reduzindo a inadimplência; proporcionar previsibilidade e segurança jurídica tanto aos credores como aos tomadores de crédito; desburocratizar a obtenção de crédito; contribuir na redução do acervo de processos judiciais, ampliando possibilidades de autotutela executiva extrajudicial e de solução

46 Para alcançar tais objetivos, o Marco Legal das Garantias alterou diversas leis federais: as n°s 10.406/2002 (Código Civil); 6.015/1973 (Lei de Registros Públicos); 9.492/1997 (Lei de Protesto de Títulos); 8.935/1994 (Lei dos Cartórios, Notários e Registradores); 12.249/2010 (Lei do Registro de Imóveis); 14.382/2022 (Lei do Sistema Eletrônico dos Registros Públicos - SERP); 13.105/2015 (Código de Processo Civil); 13.476/2017 (Lei de Garantias); 9.514/1997 (Lei da Hipoteca); 6.766/1979 (Lei de Parcelamento Urbano); 11.312/2006 (Estatuto da Microempresa e da Empresa de Pequeno Porte); 6.404/1976 (Lei das Sociedades Anônimas); e 14.113/2020 (Lei do Cadastro Positivo) e o Decreto-Lei nº 911/1969 (Normas de Alienação Fiduciária); e revoga dispositivos dos Decretos-Lei n°s 70/1966 e 73/1966 (Cédula Hipotecária e Sistema Nacional de Seguros Privados, respectivamente).

de conflitos tanto pela via autocompositiva (conciliação e mediação), como heterocompositiva (arbitragem notarial); e impulsionar o mercado de crédito e, por consequência, a economia.

São diversas as inovações implementadas. Exemplificativamente, com a adição do art. 9º-A na Lei de Garantias, permite-se a aplicação de múltiplas garantias sobre propriedades imobiliárias, inclusive no âmbito da Lei 9.514/97 (Lei do Sistema de Financiamento Imobiliário). Já no âmbito dos financiamentos veiculares, é possível a recuperação extrajudicial, em procedimento análogo à tradicional busca e apreensão judicial (art. 8º-B, introduzido no Decreto-Lei 911/69).

Além dos típicos bens como imóveis e veículos, a Lei ampliou o rol de bens passíveis de serem dados em garantia, incluindo intangíveis (por exemplo, recebíveis e fluxos de caixa; hipoteca; maquinários e equipamentos, inclusive os não imobilizados, patentes, marcas, direitos autorais e demais formas de propriedade intelectual). Há previsões que impactam desde o mercado securitário ao setor bancário.

As inovações normativas do Marco Legal das Garantias trouxeram, também, novas perspectivas para a atuação dos tabeliães de notas no Brasil, ampliando suas funções tradicionais. Com a edição do art. 7º-A da Lei dos Cartórios, além da possibilidade de atuação como administradores de contas de garantia (*escrow accounts*), mediante convênio com instituições financeiras (art. 7º, § 5º c/c o art. 7º-A, inciso I, §§ 2º e 3º[47]), possibilita-se atuarem como mediadores,

47 "Art. 7º-A Aos tabeliães de notas também compete, sem exclusividade, entre outras atividades: (Incluído pela Lei nº 14.711, de 2023)
I - certificar o implemento ou a frustração de condições e outros elementos negociais, respeitada a competência própria dos tabeliães de protesto; (Incluído pela Lei nº 14.711, de 2023) [...]
§ 1º O preço do negócio ou os valores conexos poderão ser recebidos ou consignados por meio do tabelião de notas, que repassará o montante à parte devida ao constatar a ocorrência ou a frustração das condições negociais aplicáveis, não podendo o depósito feito em conta vinculada ao negócio, nos termos de convênio firmado entre a entidade de classe de âmbito nacional e instituição financeira credenciada, que constituirá patrimônio segregado, ser constrito por autoridade judicial ou fiscal em razão de obrigação do depositante, de qualquer parte ou do tabelião de notas, por motivo estranho ao próprio negócio. (Incluído pela Lei nº 14.711, de 2023)
§ 2º O tabelião de notas lavrará, a pedido das partes, ata notarial para constatar a verificação da ocorrência ou da frustração das condições negociais aplicáveis e certificará o repasse dos valores devidos e a eficácia ou a rescisão do negócio celebrado, o que, quando aplicável, constituirá título para fins do art. 221 da Lei nº 6.015, de 31 de dezembro de 1973 (Lei de Registros Públicos), respeitada a competência própria dos tabeliães de protesto. (Incluído pela Lei nº 14.711, de 2023)".

conciliadores e árbitros (art. 7º-A, incisos II e III, respectivamente, e § 3º[48]). Essas mudanças refletem a crescente valorização da desjudicialização e da pacificação social por vias extrajudiciais.

Com o Marco, o legislador dispõe mecanismos eficientes para a formalização de garantias e a solução de controvérsias – tanto pela via autocompositiva, como pela heterocomposição –, conferindo ao sistema notarial papel central na modernização da segurança jurídica e efetivando o próprio acesso à Justiça em sentido amplo. A mediação, a conciliação e a arbitragem notariais representam novas passagens no sistema de justiça multiportas.

Entretanto, o aumento das responsabilidades desses agentes demanda análise pormenorizada sobre sua formação e sobre o impacto dessas novas funções na dinâmica jurídica e econômica. A atuação dos tabeliães como árbitros, mediadores e conciliadores levanta importantes reflexões sobre a compatibilidade entre essas atribuições e as atividades notariais, notadamente em relação à necessária imparcialidade e ao potencial conflito de interesses. Também por esse motivo, a tramitação do Marco não passou indene de resistências e críticas – sobre as quais não se pode olvidar e mais adiante listadas. O Marco é de inegável complexidade técnica, exigindo interpretação intrincada e sistêmica.

Diante dos argumentos contrários ao regramento sancionado, importa refletir sobre os desafios e dilemas apontados. Dentre esses, há questões relevantes como: o Marco oferece soluções e instrumentos aptos à consecução do objetivo de prestigiar o foro extrajudicial? A previsão expressa da possibilidade de tabelião de notas atuar como mediador, conciliador e ou árbitro é mesmo necessária? A solução de disputas no âmbito notarial é imune de conflitos de interesse? Princípios estruturantes, por exemplo, da

48 "II - atuar como mediador ou conciliador; (Incluído pela Lei nº 14.711, de 2023)
III - atuar como árbitro. (Incluído pela Lei nº 14.711, de 2023) [...]
§ 3º A mediação e a conciliação extrajudicial serão remuneradas na forma estabelecida em convênio, nos termos dos §§ 5º e 7º do art. 7º desta Lei, ou, na falta ou na inaplicabilidade do convênio, pela tabela de emolumentos estadual aplicável para escrituras públicas com valor econômico.".

mediação – como a confidencialidade e informalidade – são compatíveis com as proposições? A disciplina normativa atual é suficiente para mitigar os riscos apontados?

Além de procurar respostas a tais perguntas e tentar endereçar os principais receios à luz dos dispositivos constitucionais, legais e regulamentares aplicáveis, espera-se, ao longo do trabalho, dispor de sugestões preliminares de cuidados a serem tomados, de modo a resguardar a validade dos atos praticados, a confiança dos interessados no procedimento e, ao cabo, mas não menos importante, a segurança do tabelião de notas quando atuante como mediador, conciliador ou árbitro.

2. O MARCO LEGAL DAS GARANTIAS E O TABELIONATO DE NOTAS COMO PROMOTOR DO ACESSO À JUSTIÇA E DO SISTEMA DE JUSTIÇA MULTIPORTAS

Preliminarmente à análise sobre a conciliação, mediação e/ou arbitragem notariais, faz necessário retomar o arranjo constitucional que dá suporte às respectivas disposições da Lei 14.711/23. Além da tradicional noção de que a ampliação do escopo de atuação dos tabeliães deriva do art. 236 da Constituição da República Federativa do Brasil (CRFB) – que promoveu profundas mudanças no notariado brasileiro[49] –, no caso específico dos meios adequados de solução de conflitos promovidas pelos notários no âmbito de suas serventias, a autonomia da vontade, o acesso à justiça e a justiça multiportas amparam as regras incluídas na Lei 8.935/94[50]. A autonomia privada e a liberdade, direitos fundamentais e forças motrizes dos mais variados negócios jurídicos diariamente tratados pelos tabeliães de notas, são fundamentos suficientes à sua eleição desses como mediadores, conciliadores e/ou árbitros.

49 SOUZA, Carla Faria de. A função notarial na realidade jurídica brasileira. Rio de Janeiro: Escola da Magistratura do Estado do Rio de Janeiro, 2013. Artigo científico apresentado como exigência de conclusão de curso de pós-graduação lato sensu. Disponível em: http://www5.tjba.jus.br/juizadosespeciais/images/pdf/REVISTA_NOVATIO/07_REVISTA_NOVATIO_1a_EDICAO_ARTIGO_05.pdf. Acesso em: 20 dez. 2024, pág. 10.

50 YARSHELL, Flávio Luiz; RODRIGUES, Viviane Siqueira. Desjudicialização da execução civil: uma solução útil e factível entre nós? *In*: MEDEIROS NETO, Elias Marques de; RIBEIRO, Flávia Pereira (orgs.). Reflexões sobre a desjudicialização da execução civil. Curitiba: Juruá, 2020. Cap. 16..

Destacada a base constitucional, premissa inicial a ser estabelecida é a de que a atuação dos tabeliães de notas como mediadores e conciliadores não é inédita, sendo objeto de profícuos debates desde suas primeiras acepções. A título de exemplo, rememorem-se o Código de Normas da Corregedoria de Justiça do Estado de Minas Gerais (CGJ-MG), Provimento CGJ-MG 260/2013, o Provimento da Corregedoria de Justiça do Estado de São Paulo (CGJ-SP) de 17/2013, o Provimento 12/2013 da Corregedoria Geral de Justiça do Estado do Ceará de 12/2013, o Provimento 04/2014 da Corregedoria Geral de Justiça do Estado do Maranhão e o Provimento Conjunto da Corregedoria Geral de Justiça da Bahia 2/2016[51] e o Provimento 67/2018 do Conselho Nacional de Justiça (CNJ).

Aliás, tais normativas precedem o próprio arcabouço principiológico desenhado no Código de Processo Civil de 2015 (CPC/15) – que institucionaliza, uniforme e efetivamente, o sistema de justiça multiportas a que há muito aspirava o Estado brasileiro. Nesse sistema, o Judiciário não é o único provedor de solução de controvérsias e o direcionamento das situações aos meios mais adequados para a pacificação é prestigiada. Como apontado por Ferreira e Motta, a doutrina converge no sentido de que o ordenamento jurídico brasileiro adotou o sistema multiportas de solução de litígios e um dos marcos para tanto é a Resolução do CNJ 125/2012, que estabelece a política pública do tratamento adequado de conflitos, incentivando a autocomposição – que destaca o protagonismo do indivíduo na solução de seus problemas, com maior responsabilização e comprometimento, deixando a cargo da jurisdição estatal as situações complexas que realmente exijam a formalidade e os instrumentos inerentes ao processo judicial ordinário[52].

51 Posteriormente suspensos por força da Consulta nº 0003416-44.2016.2.00.0000, na qual o CNJ vedou a mediação e a conciliação notariais "*enquanto não houver ato normativo editado pelo Conselho Nacional de Justiça - CNJ a regulamentar a matéria*". A decisão tomada nos autos da citada Consulta resultou no Provimento CNJ nº 67/2018.

52 FERREIRA, Ana Conceição Barbuda Sanches Guimarães; MOTTA, Ana Bárbara Barbuda Ferreira. O sistema multiportas como propulsor do acesso à Justiça no âmbito do juizado de Fazenda Pública. Revista Novatio, Poder Judiciário do Estado da Bahia, v. 1, 2020. ISBN 978-65-89459-01-9. Disponível em: http://www5.tjba.jus.br/juizadosespeciais/images/pdf/REVISTA_NOVATIO/07_REVISTA_NOVATIO_1a_EDICAO_ARTIGO_05.pdf. Acesso em: 7 jan. 2025, págs. 71-72.

Em nível legal, há tratamento ainda mais antigo para as alternativas à jurisdição estatal. A Lei da Arbitragem (Lei 9.307/96) instituiu o procedimento arbitral como alternativa à jurisdição estatal, para dirimir litígios relativos a direitos patrimoniais disponíveis. A Lei da Mediação (Lei 13.140/15) disciplina o meio como adequado à solução de controvérsias entre particulares. A seu turno, o próprio CPC/15 estabelece, como norma processual fundamental, o incentivo aos métodos alternativos para solução de conflitos (art. 3º, §§ 1º, 2º e 3º), disciplinando ainda a mediação e a conciliação judicial.

Além de não ser inédita, a atuação dos tabeliães de notas como mediadores e conciliadores – e, a partir do Marco Legal das Garantias, como árbitros – é movimento natural, considerando a essencialidade desses agentes para a administração da justiça. Enquanto delegatários de funções estatais e sujeitos à fiscalização do Judiciário, é da vocação do notariado brasileiro pós-CRFB promover o acesso à justiça, sendo reflexos dessa, por exemplo, a Lei 11.441/07 (que possibilita a realização de inventário, partilha, separação consensual e divórcio consensual por via administrativa).

A credibilidade sobre as características do notariado brasileiro permite que os interessados confiem em terceiro imparcial para formalizar suas vontades, orientando com conselhos fundamentados sobre deveres, direitos e a roupagem jurídica mais apropriada para cada negócio, assegurando sejam os atos jurídicos perfeitos e conformes às exigências legais, o que acaba por implicar menor litigiosidade, porquanto os títulos notariais auxiliam a solução de conflitos com a fé pública e a confiabilidade a eles inerentes[53]. Logo, é quase lógica a ampliação das funções não-exclusivas dos tabeliães de notas promovidas com a introdução do art. 7º-A na Lei dos Cartórios pela Lei 14.711/23.

---

53 CORRÊA, Leandro; CALAIS, Eduardo. Função notarial e os atos não exclusivos: o notário latino como *solution provider.* Revista de Direito Notarial e Registral, São Paulo, v.6, n.2, p. 244, jul./dez. 2024. Disponível em: http://rdn.cnbsp.org.br/index.php/direitonotarial/article/view/121/97. Acesso em: 6 jan. 2025, pág. 10.

Há muito os tabelionatos não funcionam como simples arquivos, mas como instituições essenciais à vida civil, dispondo de soluções em diversas etapas do cotidiano, de modo que podem funcionar como provedores das mais diversas soluções na contemporaneidade. Como lembram Calais e Corrêa[54], a função dos notários transcende às tipicamente lembradas no imaginário comum e, ao oferecer ambiente imparcial e neutro, incentiva negociação e solução eficiente de disputas num país em que a judicialização é tão danosa que há quem o designe "República de Processos"[55].

Assim, com as premissas iniciais delineadas, tece-se, a seguir, breves considerações sobre o papel do tabelião de notas na arbitragem e as dúvidas e controvérsias envoltas à novidade, bem como, mais adiante, sobre a mediação e a conciliação notariais.

3. APONTAMENTOS SOBRE A ATUAÇÃO DO TABELIÃO DE NOTAS COMO ÁRBITRO

Embora atendendo a fundados (e relativamente antigos) anseios[56-57], as últimas proposições normativas para ampliação do escopo das atividades desempenhadas por tabeliães de notas foram recebidas com ansiedade e receio por parte da comunidade jurídica. Rememora-se,

---

54 Id., pág. 21.

55 Termo sugerido por José Jácomo Gimenes no artigo de opinião "República de processos: uma tragédia nacional em andamento". JOTA, disponível em: https://www.jota.info/artigos/republica-de-processos-uma-tragedia-nacional-em-andamento. Acesso em: 27 dez. 2024.

56 Conforme destacado pela então juíza auxiliar da Corregedoria Nacional de Justiça (Daniela Pereira Madeira) em comentário à Revista Cartórios com Você, a gestão do ministro Luís Felipe Salomão (biênio 2022-2024) priorizou assuntos ligados à desjudicialização, tema em voga há muito: *"A Corregedoria Nacional de Justiça está comprometida com este tema e queremos avançar na conciliação e mediação nos serviços extrajudiciais brasileiros"*. Isso mostra a relevância do tema no contexto das discussões afetas ao PL que veio a se tornar o Marco Legal das Garantias. OKA, Vinicius. Seminário Nacional do Notariado reúne mais de 400 profissionais notariais em Natal/RN. Revista Cartórios com Você, São Paulo, nº 29, Ano 5, out-dez 2022. Disponível em https://www.anoreg.org.br/site/wp-content/uploads/2023/01/Carto%CC%81rios-com-Voce%CC%82-29-8.pdf. Acesso em 15 dez. 2024.

57 Como lembram Yarshell e Rodrigues, há muito se ensaia a desjudicialização por meio das serventias extrajudiciais e tal providência não decorre, necessariamente, do fundamento constitucional da delegação; ao contrário, se relaciona com outros preceitos constitucionais: *"A tese que se construiu para a defesa da desjudicialização mediante aquele deslocamento de algumas atividades da execução do Judiciário para tabelionatos fundou-se no mecanismo da delegação previsto no art. 236 da Constituição Federal. Porém, suposto que a desjudicialização da execução civil integre um projeto de desburocratização e de ampliação do acesso à justiça (que pode até ser visto como antecessor de um projeto de aumento da efetividade do processo), a desjudicialização poderia repousar em um fundamento mais simples do que aquele da delegação. Esse fundamento não passa pela reafirmação da função jurisdicional estatal mas, pelo contrário, pela realinnação da autonomia privada e pela fórmula hoje já aceita da justiça multiportas."*. Op. cit., pág. 368.

por exemplo, os debates em torno do Projeto de Lei (PL) 6.204/19[58] e os que ainda miram a já vigente Lei 14.711/23. Aliás, a arbitragem cartorária foi alvo de específico escrutínio quando da propositura do PL 5.243/09 (que propõe alterar o art. 13 da Lei 9.307/96[59] para permitir ao titular de delegação desempenhar a função de árbitro).

Dentre os críticos à positivação da atuação de tabeliães como árbitros, um dos mais vocais foi o Instituto dos Advogados do Brasil (IAB). Fundamentado em parecer de sua Comissão de Mediação, Conciliação e Arbitragem, o IAB arrolou, no Ofício 258/PR/COM/2023[60], razões para rejeição à emenda do Senado que aditou o PL para incluir o art. 7º-A na Lei 8.935/94.

Há questionamentos sobre: (i) a utilidade da mudança, dado que, além da inclusão do § 5º no art. 7º da Lei 8.935/94, pela Lei 14.382/22, as incompatibilidades e impedimentos de atuação dos notários são disciplinados no art. 25 daquela lei e para ser árbitro, basta ter capacidade civil e a confiança das partes, nos termos do art. 13 da Lei 9.307/96; (ii) a inocuidade da redação do art. 7º-A, pois "*Qualquer atuação que não seja vedada por lei, pelo Conselho Nacional de Justiça ou pelas Corregedorias Gerais de Justiça dos Tribunais do país, é permitida ao tabelião, não havendo justificativa alguma para uma norma legal permissiva.*"; e (iii) eventuais conflitos de interesse, considerando o impedimento objetivo e legal para mediadores, conciliadores e árbitros assessorarem, representarem ou patrocinarem interesses de qualquer das partes, de modo que é indesejável seja o tabelião de nota mediador, conciliador ou

---

58 Algumas dessas discussões foram abordadas em PEREIRA, Sávio Luiz Martins. Desjudicialização da execução civil e os tabelionatos de protesto à luz do Projeto de Lei nº 6.204/2019. Informativo do Santos Rodrigues Santiago Tonello Sociedade de Advogados nº 96/2022, Belo Horizonte, ago. 2022. Disponível em https://srst.com.br/assets/images/uploads/srstnewsartigo96.pdf. Acesso em 02 jan. 2025.

59 "Art. 2º O art. 13 da Lei nº 9.307, de 23 de setembro de 1996, passa a vigorar com nova redação para o *caput* e com o acréscimo de § 8º:

"Art. 13. Poderá ser árbitro qualquer pessoa capaz, ainda que titular de delegação do Poder Público, e que tenha a confiança das partes...

§ 8º. O titular de delegação, referido no caput deste artigo, não poderá atuar em litígio envolvendo interesse da Administração Pública.»".

60 INSTITUTO DOS ADVOGADOS BRASILEIROS. Ofício nº 258/PR/COM/2023, contendo parecer sobre o PL 4188/2021, em que manifesta contrariedade à Emenda nº 37. IAB, São Paulo, 22 ago. 2023. Disponível em https://legis.senado.leg.br/sdleg-getter/documento?dm=9437575&ts=1726077669997&disposition=inline. Acesso em 22 dez. 2024.

árbitro em casos em relação aos quais tenha havido, ou possa haver, a prática de atividade notarial na serventia da qual seja titular, garantindo a independência, imparcialidade e neutralidade que orientam tais atividades.

O Comitê Brasileiro de Arbitragem (CBAr) se uniu ao IAB e pugnou, ao Executivo, o veto da totalidade da regra. Adicionou entender o art. 7º-A viciado por inconstitucionalidades materiais, consistentes em "*violação à isonomia, livre iniciativa e à livre concorrência, contrariando o art. 170 da Constituição*"; "*violação aos limites constitucionais dos serviços notariais e de registro, contrariando o disposto no artigo 236 da Constituição*"; e "*violação ao acesso à Justiça, à igualdade e liberdade profissional, contrariando o disposto no artigo 5º, incisos I, XIII, XXXV e LXXIV, da Constituição*"[61-62].

Além dos pontos levantados pelo IAB e CBAr, os críticos à atuação dos tabeliães de notas como árbitros questionam possível incompatibilidade entre a arbitragem, jurisdição privada, com a natureza pública das atribuições delegadas. Há quem aponte que, pelo fato de a arbitragem se basear na confiança pessoal e na autonomia das partes, tais pilares podem ser comprometidos com a indicação do(s) árbitro(s) influenciada ou vinculada ao serviço público.

A depender de como desenvolvida, a arbitragem notarial poderia se aproximar, indevidamente, do modelo estatal, operando quase que sob a lógica de um juízo natural. Ainda, a disposição poderia ensejar desinformação à sociedade, levando usuários mais incautos ou a parcela juridicamente leiga da população a inferir que o procedimento arbitral é ato público realizado no âmbito da serventia (tal como

61 ABBUD, André de Albuquerque Cavalcanti; COMITÊ BRASILEIRO DE ARBITRAGEM. Adendo à Nota Técnica referente ao Projeto de Lei nº 4188/2021 - Inconstitucionalidade do artigo Art. 12, que visa a inserção do artigo 7º-A, incisos II e III, §§ 3º, 4º e 5º, à Lei nº 8.935/1994. Disponível em https://cbar.org.br/site/wp-content/uploads/2024/04/cbar-adendo-a-nota-tecnica-pl-4188-2021-veto-final.pdf. Acesso em 20 dez. 2024.

62 O CBAr se manifestou contrário a proposições semelhantes no passado. Por exemplo, por ocasião da análise do PL nº 5.243/2009, entendeu que a arbitragem notarial poderia prejudicar direitos dos eventuais usuários pela possível incompreensão do instituto e defendeu que, "*se o tabelião ou registrador vier a ser árbitro, exercerá esse múnus na qualidade de pessoa física, e não como tabelião; e seus atos serão, desse modo, totalmente estranhos ao cartório que esteja sob sua responsabilidade*". (DUARTE JUNIOR, Luiz Périssé; COMITÊ BRASILEIRO DE ARBITRAGEM. Tabeliães, Registradores e Arbitragem - O Projeto de Lei 5.243/2.009. Disponível em https://www.cbar.org.br/PDF/PL_5243_2009_Parecer_Luiz_Perisse_Duarte_Junior.pdf. Acesso em 20 dez. 2024.).

ocorre relativamente, por exemplo, a inventários, partilhas, divórcios consensuais). Ou mesmo nutrir a ideia de que a arbitragem é restrita aos tabelionatos – o que minaria a própria confiança das partes no tabelião por força da regra tida por inadvertida. Suscitou-se questões acerca de suposta inexperiência do tabelião de notas em aspectos práticos no espectro do direito privado e as peculiaridades técnicas do próprio procedimento arbitral, que não se supririam pelo incontestável domínio do direito notarial e registral.

Outra crítica é no sentido que se tratava de privilégio injustificado concedido a categoria profissional específica, contrariando o consenso internacional de boas práticas na arbitragem (o que geraria insegurança jurídica e, consequentemente, afastaria investimentos estrangeiros), que abre até mesmo possibilidade de algum ente político estabelecer tabela de emolumentos para atividade que não é pública.

Há também preocupações sobre a eventual socialização de prejuízos e custos financeiros, principalmente à luz do Tema 777 da Repercussão Geral[63] do Supremo Tribunal Federal (STF). Isso pois, na eventual atuação de tabeliães como árbitros em concomitância ao exercício de suas funções delegadas, o Estado estará sujeito à responsabilização objetiva por eventuais danos, transferindo à sociedade o ônus de eventuais indenizações – nem sempre reembolsáveis no exercício do direito de regresso[64].

As vozes discordantes sustentam ainda que a arbitragem notarial desvirtuaria as funções típicas dos notariados, adstritas à consecução da segurança jurídica em atos jurídicos diversos, e que a pretensa falta de experiência específica dos tabeliães na condução de procedimentos arbitrais comprometeria a qualidade do procedimento e de seus julgamentos. Também pela inadequação do processo arbitral para

---

63 Tema 777 do STF: "O *Estado responde, objetivamente, pelos atos dos tabeliães e registradores oficiais que, no exercício de suas funções, causem dano a terceiros, assentado o dever de regresso contra o responsável, nos casos de dolo ou culpa, sob pena de improbidade administrativa.*". STF. Plenário. RE 842846/RJ, Rel. Min. Luiz Fux, julgado em 27/2/2019 (repercussão geral) (Informativo 932).

64 Tanto pelos mais diversos eventos processuais possíveis (como prescrição ou alguma das causas extintivas listadas nos incisos do art. 485 do CPC/2015), como pelo próprio desafio probatório de se demonstrar os pressupostos da responsabilidade civil subjetiva, ou mesmo insolvência do agente.

litígios de menor monta, dados os conhecidos custos, a limitação da assistência judiciária gratuita e à irrecorribilidade das decisões, o art. 7º-A do Marco Legal das Garantias fora alvo de críticas.

A arbitragem notarial foi recebida, como se vê, com forte resistência de determinados setores. Conquanto razoáveis e legítimas as preocupações apresentadas, com a capacitação dos notariados e a adoção de determinadas cautelas, não há impeditivo juridicamente insuperável à arbitragem notarial.

Nada obstante o inciso III do art. 7º-A do Marco Legal das Garantias, diante do art. 13 da Lei 9.307/96, em primeiro momento, pareça mesmo desnecessário, a norma permissiva não tem, de plano, condão de causar os deletérios efeitos cogitados. A atuação do tabelionato de notas é pautada por princípios que resguardam a aptidão desses agentes na solução de disputas.

Por exemplo, a exigência de formação acadêmica adequada e especializada; limitação do número de notários; rigorosa seleção técnica e moral; garantia de inamovibilidade e a autonomia institucional[65] afastam parcela relevante das preocupações listadas.

A aplicação da arbitragem notarial permite democratização do acesso à justiça e fomenta um meio até então limitado a discussões envolvendo valores econômico expressivos. Não se trata de interferência indevida em atividade econômica, tão apenas segurança jurídica e previsibilidade para aqueles que optarem por tal meio – a arbitragem desenvolvida no âmbito das câmaras arbitrais não será impactada, vez que é provável que eventuais disputas resolvidas no âmbito notarial não sejam compatíveis com os custos envolvidos naquelas.

A arbitragem notarial também não deriva, necessariamente, do art. 236 da CRFB. O acesso à justiça, o sistema de justiça multiportas, a liberdade e a autonomia privada fundamentam a disposição do art. 7º-A da Lei dos Cartórios. E, sendo o titular do tabelionato de notas independente para exercer as atividades delegadas, inclusive

---

65 CORRÊA e CALAIS, op. cit., págs. 7 a 9.

com características tipicamente empresariais, a sua candidatura e habilitação como árbitro não implicam incompatibilidade com as questões próprias da serventia de sua titularidade. Afinal, os investimentos aportados pelos titulares dos notariados podem ser alocados até para fins privados, desde que com permissivo normativo.

Considerando os princípios norteadores de sua atuação, é certo que o tabelião de notas não atuará de modo ardiloso, incluindo, por exemplo, convenções de arbitragem em escrituras públicas sem o devido esclarecimento e orientação às partes sobre os ônus e benefícios esperados com a escolha pela arbitragem notarial – sob a pena de responder civil e administrativamente.

Como já se verifica, os tabeliães hão de agir norteados pela prudência, cautela, proporcionalidade e razoabilidade, o que os obriga a observar as particularidades das partes – é razoável sugerir ao cidadão desprovido de recursos financeiros e ou informacionais e desconhecedor de seus direitos que adira à arbitragem (dispondo da assistência judiciária gratuita e da recorribilidade das decisões presentes na jurisdição estatal)? A pergunta, apesar de retórica, ilustra como não haverá dificuldades para os titulares dos notariados primarem pelo bom desempenho da arbitragem.

O poder jurisdicional confiado aos tabeliães de notas, decorrentes da autonomia da vontade das partes, da liberdade de contratação e do acesso à Justiça no seu sentido mais amplo, tem respaldo constitucional. Havendo anterior consenso informado entre os interessados e preservando-se o controle jurisdicional estatal sobre os atos praticados por terceiros estranhos aos quadros judiciais, não há óbice intransponível à solução heterocompositiva de conflitos no âmbito dos notariados.

Como concluem Yarshell e Rodrigues[66], há muito o Estado não tem o monopólio da jurisdição e o inciso XXXV do art. 5º da CRFB estabelece que qualquer lesão ou ameaça a direito merece provimento

66 Op. cit., pág. 368

jurisdicional – não significando, porém, que tal provimento há de se dar exclusivamente pela jurisdição estatal, contanto que a medida seja controlável pelo órgão judicial competente. Mesmo porque, é pacífica a eficácia horizontal dos direitos fundamentais como o devido processo legal, contraditório e a ampla defesa.

Nesse sentido, o CNJ reafirmou a pertinência da arbitragem desenvolvida no âmbito dos notariados ao julgar improcedente o Pedido de Providências 0003041-62.2024.2.00.0000[67], instaurado pela Associação Nacional dos Registradores de Pessoas Naturais. Dentre as razões para a competência exclusiva dos tabeliães de notas (frente aos demais agentes cartorários), frisou que, "*assim como na arbitragem, a relação do usuário com os notários também é fundamentada na confiança depositada*", já que, "*segundo o art. 8º. da Lei 8.935/94, não está submetida ao princípio da territorialidade do ponto de vista das partes*". Prossegue a decisão:

> [...] Colhe-se da doutrina de Fischer e Santos (2024, p. 356)2 lições sobre essa conclusão:
>
> *A mediação e conciliação já eram autorizadas aos notários pelo CNJ, conforme artigos 18 e seguintes do Código Nacional de Normas. A novidade está na sua remuneração que foi valorizada, prevendo o parágrafo 3º., do referido artigo, que na falta ou na inaplicabilidade de convênio, ela será remunerada pela tabela de emolumentos estadual aplicável para escrituras públicas com valor econômico.*
>
> *Mas a verdadeira inovação está na arbitragem realizada por notários, que promete democratizar o instituto, tornando-o acessível à população em geral.*
>
> No mesmo sentido, lecionam Ygor Ramos Cunha Pinheiro e Marco Antônio Ribeiro Tura (2024, p. 529):
>
> *Assim, a arbitragem notarial, que já é difundida em diversos países que adotam o notariado latino, passará a ganhar força também no Brasil. E, pela confiança que tem o trabalho dos Tabeliães de Notas, aliado a sua expertise, eficiência e capilaridade, tende o instituto, positivado ainda em 1997, a se popularizar. Sendo assim, como, atualmente, a arbitragem acabou ficando restrita a causas de alto valor econômico,*

67 "EXTRAJUDICIAL. PEDIDO DE PROVIDÊNCIAS. ARPEN-BR. REGULAMENTAÇÃO DA ATIVIDADE DE ARBITRAGEM. ART. 7º-A, III, DA LEI N. 8.935/1994, COM REDAÇÃO DADA PELA LEI N. 14.711/2023. ATRIBUIÇÃO CONFERIDA PELO LEGISLADOR APENAS AOS NOTÁRIOS, SEM PREJUÍZO DOS DEMAIS PROFISSIONAIS HABILITADOS COM BASE NA LEI N. 9.307/1996. IMPOSSIBILIDADE DE EXTENSÃO, PELA CORREGEDORIA NACIONAL DE JUSTIÇA, DE TAIS ATRIBUIÇÕES AOS REGISTRADORES CIVIS DE PESSOAS NATURAIS. PEDIDO JULGADO IMPROCEDENTE. ARQUIVAMENTO. [...].". (Relatado pelo Ministro Mauro Campbell Marques, Corregedor Nacional de Justiça. Julgado em 30.10.2024.

acredita-se que causas menores passarão a poder ser solucionadas nesta esfera, beneficiando grande parte da população. Mais um motivo de entusiasmo com a norma é a imparcialidade do notário que, como visto, é especial, já que este sempre busca, no exercício de sua função, a preservação do interesse público, e nunca a promoção de interesse privado. No Direito comparado, especificamente em países que também adotam o sistema notarial latino, fundamentado na confiança, também podemos observar que somente aos notários é conferida a competência para realizar arbitragem, a exemplo do que ocorre no Uruguai, na Espanha, no México, em Portugal, e outros.

O sistema notarial brasileiro, do tipo latino, baseia-se na qualificação e na imparcialidade do titular e tais características garantem a independência e neutralidade. Por certo, quando diante de situações em que já tenha tido contato notarial, o tabelião de notas deverá observar, com rigor ainda maior, a eventual influência de interesses privados, preservando o interesse público. Não apenas, atuando o tabelião de notas como árbitro, deverá se pautar também pela Lei 9.307/96 e demais princípios e regras que regem a atividade arbitral.

A possibilidade de confusão entre a jurisdição privada e as atribuições públicas delegadas aos notários também não se sustenta, dado que a transparência, o consentimento livre e esclarecido e a orientação ostensiva e exaustiva sobre as peculiaridades do meio podem equalizar eventuais assimetrias informacionais.

Também parece impróprio entender a autorização do Marco Legal das Garantias como um privilégio injustificado aos notários. Como percebido pelo CNJ quando da análise do Pedido de Providências 0003041-62.2024.2.00.0000, "*quando o legislador utilizou, no art. 7º.-A, a expressão "sem exclusividade", por óbvio não estava buscando conferir aos registradores a competência para realização de arbitragem, mas dirigindo sua mens legis aos demais profissionais que, com base na Lei 9.307/96, também estão habilitados a serem árbitros, desde que cumpridos os requisitos legais*".

No que toca à expertise dos tabeliães para as especificidades práticas e técnicas do procedimento arbitral, os tabelionatos de notas brasileiros lidam, diariamente, com as mais diversas nuances do direito privado. Tal fato, por si, demonstra a pertinência temática da arbitragem notarial para as questões hodiernas que desaguam nos notariados. Eventuais lacunas em relação ao procedimento arbitral em si são sanáveis através de medidas de capacitação e o diálogo intersetorial com atores já familiarizados, como câmaras arbitrais, institutos e comitês.

A troca de experiências, aliás, pode aprimorar a própria prestação da jurisdição privada, dado que os notariados têm a contribuir com as peculiaridades tratadas dia a dia na execução dos ofícios delegados. A capacitação também mitiga o risco de danos aos interessados envolvidos – e, por conseguinte, a possibilidade de responsabilização do Estado à luz do Tema 777 da Repercussão Geral do STF.

Os custos elevados, a irrecorribilidade das decisões e a limitação da assistência judiciária gratuita, bem como a impropriedade da arbitragem notarial para litígios de menor monta, também são pontos dignos de atenção e os notários devem instruir as partes em relação a tais. Com a devida orientação e informação, enfraquece-se a possibilidade de novas ações anulatórias aportando no Judiciário, dado que, percentualmente, é ínfimo o número de casos julgados na arbitragem e revistos ou anulados em sede judicial.

Como se vê, os riscos identificados pelos críticos à atuação dos notariados na arbitragem são contornáveis com o amadurecimento do instituto da arbitragem notarial e com a responsabilidade, cautela e prudência de todos os envolvidos[68]. O diálogo intersetorial, a contínua capacitação e a permanente transparência e orientação aos interessados viabilizará o sucesso da medida.

Paira ainda dúvida sobre a regulamentação da atividade arbitral quando exercida por tabeliães de notas. O CNJ, competente para "*expedir Recomendações, Provimentos, Instruções, Orientações e outros atos normativos destinados ao aperfeiçoamento das atividades dos órgãos do Poder Judiciário e de seus serviços auxiliares e dos serviços notariais e de registro, bem como*

68 Por exemplo, não é recomendável que o tabelião, escrevente ou preposto por ele indicado atue como árbitro em conflitos de interesse que tenham qualquer vínculo com a serventia extrajudicial da qual seja titular.

dos demais órgãos correicionais, sobre matéria relacionada com a competência da Corregedoria Nacional de Justiça" (art. 8º, X do seu Regimento Interno), sinalizou em reportagem que, conquanto não haja previsão legal atribuindo a ele a regulamentação da atividade de arbitragem pelos tabelionatos de notas, a Corregedoria pode ser instada a regulamentar a matéria, pela competência do dispositivo supracitado[69].

Apesar do art. 8º, X do Regimento Interno do CNJ, há dúvidas se a regulamentação por parte do CNJ é necessária – e, inclusive, compatível com o ordenamento jurídico numa lógica sistêmica. Primeiro, que as atividades dos tabelionatos de notas são fiscalizadas pelo Judiciário, através de suas Corregedorias nacional e estaduais. Isso abre a possibilidade de, às vias oblíquas, admitir revisão administrativa da sentença arbitral, em detrimento do rito do art. 33 da Lei 9.307/96, de modo que, preliminarmente, compreende-se que o conteúdo e a forma das decisões arbitrais e do procedimento devam ser controlados apenas judicialmente, sem prejuízo de eventuais sanções correicionais no âmbito administrativo.

Segundo que, a positivação sobre a atuação de notários como árbitros se deu como fomento do uso da arbitragem em matérias próprias do cotidiano do notariado (como disputas, por exemplo, no direito imobiliário e registral), de modo que a intenção do legislador foi popularizar o instrumento a ser pautado pela própria Lei de Arbitragem – até porque, presume-se o juízo de razoabilidade e compatibilidade sistêmica quando do debate legislativo.

Conclui-se que, ressalvados os pontos de atenção que os notariados devem considerar quando exercendo o múnus, a arbitragem notarial é instrumento eficaz à popularização do procedimento arbitral para situações as quais, tradicionalmente, são solucionadas judicialmente – o que atende a inúmeros objetivos do Estado brasileiro.

---

69 JOTA. Especialistas criticam possível regulamentação de tabeliães como árbitros, São Paulo, 9 de jan. 2025. Disponível em https://www.jota.info/content/info/especialistas-criticam-possivel-regulamentacao-de-tabeliaes-como-arbitros. Acesso em 10 de jan. 2025.

4. APONTAMENTOS SOBRE A MEDIAÇÃO E A CONCILIAÇÃO NOTARIAIS

A mediação e a conciliação arbitrais constituem instrumentos de crescente relevância no ordenamento jurídico brasileiro, especialmente no contexto das inovações introduzidas pela Lei 14.711/23. Embora não inéditas pois já reconhecidas em sede infralegal, essas formas de resolução adequada de conflitos assumem, com a nova legislação, papel ainda mais destacado, refletindo a tendência de valorização de mecanismos extrajudiciais no âmbito da justiça multiportas.

Tabeliães de notas, tradicionalmente reconhecidos por sua imparcialidade e expertise técnica, são agora chamados a desempenhar funções que transcendem a formalização de atos jurídicos, assumindo posição central na pacificação social e na solução de controvérsias. Este capítulo examina as potencialidades e os desafios inerentes à atuação desses profissionais como mediadores e conciliadores, considerando os fundamentos normativos e éticos que devem orientar sua prática, bem como os impactos dessa evolução no sistema jurídico e econômico brasileiro.

Antes da vigência do Marco Legal das Garantias, a mediação e a conciliação notariais já tinham respaldo, por exemplo, no Provimento CNJ 67/2018, sendo inequívoco que o tabelião de notas já detém competência para atuar na esfera extrajudicial de solução alternativa de conflitos. Logo, diferente da arbitragem notarial, os instrumentos da mediação e da conciliação são menos controvertidos e questionados. Ainda assim, para os objetivos do presente escrito, cumpre listar as principais críticas à positivação promovida pela Lei 14.711/23.

No ofício endereçado ao Senado Federal quando da tramitação legislativa e citado no tópico anterior, a IAB também apresentou preocupações em relação à mediação e à conciliação. Além da possível desnecessidade da inclusão do art. 7º-A na Lei dos Cartórios, porquanto é dispositivo que enuncia prática de atribuições sem exclusividade e já respaldada no Provimento CNJ 67/2018, o IAB manifestou que a mediação e a conciliação poderiam colocar em xeque princípios estruturantes da mediação e da conciliação, como a confidencialidade, informalidade, oralidade e autonomia das vontades. Argumenta o Ofício 258/PR/COM/2023:

> [...] Pelo princípio da informalidade entende-se que a mediação não deve ficar presa a procedimentos fixos que inibam a liberdade das partes de definir o melhor roteiro para tratamento da situação conflituosa. Além disso, não se deve engessar o mediador/conciliador, impondo-lhe focar em procedimentos, ao invés de destinar toda sua atenção às questões relevantes apresentadas pelos envolvidos no conflito. A conciliação, assim como a mediação, deve prestigiar a oralidade. Pouco se escreve, pouco se documenta, dando às partes oportunidade para serem ouvidas e também ouvir. Por fim, a autonomia da vontade. Como impor àqueles que buscam a conciliação ou a mediação o comparecimento ao cartório para que o procedimento seja instrumentalizado por escritura pública? Por certo, a escritura pública não deveria ser uma exigência, mas sim apenas uma possibilidade a ser avaliada pelas partes dentro do processo de solução de conflitos.

Sobre a suposta desnecessidade da previsão legal, essa crítica desconsidera o fato de que, sem o amparo legal, o uso das serventias extrajudiciais para fins de mediação e conciliação poderia não se difundir em proporção suficiente a causar alguma melhoria no contexto de excessiva judicialização e na promoção da autocomposição. Isso justamente pelo infundado receio de conflito de interesse e pela suposta falta de expertise dos notariados. Ao estabelecer a possibilidade no texto legal, o Marco Legal das Garantias franqueia aos interessados a escolha por estrutura mais robusta e especializada, com ampla capilaridade (o que se traduz em maior segurança jurídica).

O fato de o tabelião, cuja atividade é, por determinação legal, imparcial, ter sido o responsável por instrumentalizar a vontade das partes em um caso lavrado na sua serventia, pode propiciar solução mais adequada para conflitos respectivos. Afinal, ele terá conhecimento diferenciado em relação aos detalhes da situação. A estrutura mínima das serventias, impostas pelo CNJ e corregedorias estaduais, também permite a qualidade e uniformização dos procedimentos – que, de todo modo, seguirão sob o crivo dos Centros Judiciários de Solução de Conflitos e Cidadania e do aparato judicial nas hipóteses legais.

O regramento infralegal que sucede o art. 7º-A da Lei dos Cartórios também já responde dúvidas listadas pelo IAB. Nesse sentido, reproduz-se do Código Nacional de Normas do Foro Extrajudicial (Provimento CNJ 149/2023) – que aproveitou muito das disposições já existentes no Provimento CNJ 67/2018:

> Art. 21. Os procedimentos de conciliação e de mediação serão fiscalizados pela Corregedoria-Geral de Justiça (CGJ) e pelo juiz coordenador do Centro Judiciário de Solução de Conflitos e Cidadania (Cejusc) da jurisdição a que estejam vinculados os serviços notariais e de registro.
>
> Art. 22. Somente poderão atuar como conciliadores ou mediadores aqueles que forem formados em curso para o desempenho das funções, observadas as diretrizes curriculares estabelecidas no Anexo I da Resolução CNJ 125/2010, com a redação dada pela Emenda 2, de 8 de março de 2016.
>
> § 1.º O curso de formação mencionado no caput deste artigo será custeado pelos serviços notariais e de registro e será ofertado pelas escolas judiciais ou por instituição formadora de mediadores judiciais, nos termos do art. 11 da Lei 13.140/2015, regulamentada pela Resolução Enfam 6 de 21 de novembro de 2016.
>
> § 2.º Os tribunais de Justiça dos estados e do Distrito Federal e dos Territórios poderão credenciar associações, escolas e institutos vinculados aos serviços notariais e de registro não integrantes do Poder Judiciário para que realizem, sob supervisão, o curso de formação mencionado no caput deste artigo, desde que respeitados os parâmetros estabelecidos pela Resolução Enfam 6/2016.
>
> § 3.º Os conciliadores e mediadores autorizados a prestar o serviço deverão, a cada dois anos, contados da autorização, comprovar à CGJ e ao Nupemec a que estão vinculados a realização de curso de aperfeiçoamento em conciliação e em mediação.
>
> § 4.º A admissão, como conciliadores ou mediadores, daqueles que comprovarem a realização do curso de formação mencionado no caput

deste artigo promovido por entidade não integrante do Poder Judiciário e anterior à edição do Provimento 67, de 26 de março de 2018, será condicionada a prévio treinamento e aperfeiçoamento (art. 12, § 1.º, da Resolução CNJ 125/2010).

Como se vê, a regulamentação pelo CNJ prestigia a adequada formação dos tabeliães de notas e escreventes quando na condução da mediação e conciliação notariais, o que se traduz na lisura e adequação dos meios e na qualidade dos resultados atingidos. Na capacitação necessária à habilitação, os tabeliães e escreventes são municiados com as ferramentas adequadas de negociação e emancipação das partes na busca pela melhor solução.

Recebem, ainda, treinamento específico acerca da Lei 13.140/15, do CPC/15 e do Código de Ética de Conciliadores e Mediadores (Anexo III da Resolução CNJ 125/10). As regulamentações estaduais não se distanciam das diretrizes nacionais, como se percebe, exemplificativamente, da Portaria Conjunta da CGJ-MG e do Tribunal de Justiça de Minas Gerais 30/2024, que as reproduz fidedignamente.

Desse modo, assegura-se não apenas a observância aos princípios que informam a mediação e a conciliação, como a confidencialidade, informalidade, oralidade e autonomia das vontades, como a própria efetividade da solução dos conflitos mediados ou conciliados no âmbito notarial. Não adianta a mera indicação formal da solução da controvérsia e lavratura do termo de acordo. É necessário que aquele conflito, de fato, extinga-se e, para tanto, necessário o manejo das técnicas das quais dispõem mediadores e conciliadores.

A confidencialidade, objeto de preocupação por parte do IAB, recebe destaque no art. 24 do Código Nacional de Normas[70], que

70 "Art. 23. O conciliador e o mediador observarão os princípios e as regras previstas na Lei n. 13.140/2015, no art. 166 da Lei n. 13.105, de 16 de março de 2015 (Código de Processo Civil) e no Código de Ética de Conciliadores e Mediadores (Anexo III da Resolução CNJ n. 125/2010).
Art. 24. Toda e qualquer informação revelada na sessão de conciliação ou mediação será confidencial, salvo as hipóteses do art. 30 da Lei n. 13.140/2015.
§ 1.º O dever de confidencialidade aplica-se ao conciliador, ao mediador, às partes, aos seus prepostos, advogados, assessores técnicos e a outras pessoas que tenham, direta ou indiretamente, participado dos procedimentos.
§ 2.º Não será protegida pela regra de confidencialidade a informação relativa à ocorrência de crime de ação pública.
§ 3.º A confidencialidade não afastará o dever de prestar informações à administração tributária.

também impõe, aos que atuarem como conciliadores e mediadores, as regras do CPC/15 concernentes ao impedimento e à suspeição, minando a ocorrência de conflitos de interesses[71]. O risco de indevida influência de interesses privados também é controlado pelo art. 56 do Código Nacional de Normas, que proscreve "*aos serviços notariais e de registro estabelecer, em documentos por eles expedidos, cláusula compromissória de conciliação ou de mediação extrajudicial.*". Já o art. 53 veda "*aos serviços notariais e de registro receber das partes qualquer vantagem referente à sessão de conciliação ou de mediação, exceto os valores relativos aos emolumentos e às despesas de notificação.*".

A regulamentação por parte do CNJ conserva ainda interessante mecanismo previsto no revogado Provimento CNJ 67/2018. No parágrafo único de seu art. 55, estabelece-se que "*Os tribunais determinarão o percentual de audiências não remuneradas, que não poderá ser inferior a 10% da média semestral das sessões realizadas pelo serviço extrajudicial nem inferior ao percentual fixado para as câmaras privadas.*". Incentiva-se, assim, a resolução de demandas iniciadas sob o pálio da gratuidade da justiça, como contrapartida da autorização para os notariados prestarem o serviço. A medida tem impacto direto no comentado contexto da litigância excessiva e sobrecarga do Judiciário.

A eficiência dos tabelionatos de notas sempre os alçou à condição de agentes dotados de confiança da sociedade civil e provedores de soluções, previsibilidade e segurança jurídica. Não por outras razões, recente pesquisa do Instituto Datafolha (Imagem dos Cartórios 2022, encomendada pela Associação de Notários e Registradores do Brasil e pela Confederação de Notários e Registradores) indicou que os cartórios são as instituições de maior confiança e

---

§ 4.º Serão vedados para fim diverso daquele expressamente deliberado pelas partes o registro, a divulgação e a utilização das informações apresentadas no curso do procedimento.".

71 "Art. 25. Aos que atuarem como conciliadores e mediadores aplicar-se-ão as regras de impedimento e suspeição, nos termos do disposto no art. 148, II, 167, § 5.º, art. 172 e art. 173 do CPC/2015 e art. 5.º ao art. 8.º da Lei n. 11.340/2016, devendo, quando constatadas essas circunstâncias, ser informadas aos envolvidos, interrompendo-se a sessão.
Parágrafo único. Notários e registradores poderão prestar serviços profissionais relacionados com suas atribuições às partes envolvidas em sessão de conciliação ou de mediação de sua responsabilidade.".

exercem a atividade mais bem avaliada no País, dentre todas as instituições públicas e privadas avaliadas[72].

Parece um passo natural, portanto, confiar-lhes outras atividades que contribuam à administração da justiça e à prestação jurisdicional, além dos típicos e relevantes serviços públicos já delegados. Carece de razoabilidade limitar à Justiça atos que podem ser executados com eficiência e agilidade no âmbito das delegações extrajudiciais. A visão de que o tabelião é apenas um burocrata passivo carimbador de contratos e atos não é compatível (e nunca foi) com a realidade. Ele intervém, assessora e coopera com as partes, garantindo que receberão o tratamento legal adequado, e evitando eventuais disputas futuras[73]. E mais: garante, no ambiente trazido pelo Marco Legal das Garantias, a observância dos princípios, técnicas e predicados inerentes à mediação e à conciliação à luz da CRFB, Resolução CNJ 125/2010, CPC/15 e Lei da Mediação.

5. CONSIDERAÇÕES FINAIS

O Marco Legal das Garantias inaugura capítulo significativo na modernização do sistema de garantias e na promoção da segurança jurídica no Brasil. Ao conferir aos tabeliães de notas a possibilidade de atuação como mediadores, conciliadores e árbitros, a legislação avança na desjudicialização e consolida os métodos extrajudiciais de solução de conflitos como pilares da justiça multiportas, efetivando a pacificação social e otimizando a autonomia das partes de modo a alcançarem a melhor solução para seus problemas ou, pelo menos, escolherem como serão procedimentalizados e solucionados.

Respondendo às dúvidas sinalizadas no início do presente trabalho, o Marco Legal das Garantias, ao menos no que toca à promoção do sistema de justiça multiportas, atinge seus objetivos. E,

72 LOBO, Daniel. Datafolha aponta que Cartórios são a instituição mais confiável do Brasil. Revista Cartórios com Você, São Paulo, nº 29, Ano 5, out-dez 2022, págs. 32-45. Disponível em https://www.anoreg.org.br/site/wp-content/uploads/2023/01/Carto%CC%81rios-com-Voce%CC%82-29-8.pdf. Acesso em 15 dez. 2024

73 CORRÊA e CALAIS, op. cit., pág. 21.

conquanto a solução de conflitos no âmbito notarial não seja totalmente indene de conflitos de interesse – como na prática nenhuma atividade sensível o é –, o ordenamento jurídico e a deontologia notarial fornecem subsídios bastantes para a mitigação desse risco, tanto preventiva, quanto repressivamente.

Adotada a máxima cautela e boa-fé e observados os regramentos expedidos, também não há cogitar ofensa aos princípios estruturantes da mediação, da conciliação ou mesmo da arbitragem. Ainda que o tratamento normativo sempre possa ser aprimorado, a disciplina existente é sólida e oferta respostas adequadas aos problemas mapeados pelas críticas. O ato legislativo, salvo ulterior entendimento do STF, parece se compatibilizar com a CRFB tanto formal como materialmente, já que a ampliação das atividades passíveis de execução no âmbito do notariado tem como fundamento a liberdade, a autonomia, o devido processo legal, a inafastabilidade da jurisdição e o acesso à justiça em sua acepção mais dilatada.

As ressalvas às inovações do Marco Legal das Garantias são legítimas e enriquecem o debate, tão caro ao aperfeiçoamento democrático do trato legislativo sobre a matéria. Porém numa análise mais detida, as preocupações são insuficientes a obstar a mediação, conciliação e ou arbitragem notariais, desde que observados os limites normativos e as imposições éticas inerentes ao exercício da atividade delegada.

Noutra ótica, apesar das inegáveis vantagens do modelo, como o potencial de redução da judicialização e a ampliação do acesso à justiça em sua noção mais ampla, a implementação prática dessas novas funções exige atenção redobrada. A imparcialidade[74], a transparência e a ética devem continuar norteando a atuação dos tabeliães, resguardando a confiança que tradicionalmente lhes é justificadamente

74 "Art. 168 do Código de Normas da CGJ-MG relativo aos serviços notariais e de registro:
São atividades inerentes à função notarial:
[...]
IV - aconselhar os interessados com imparcialidade, instruindo-os sobre a natureza e as consequências dos atos jurídicos, prestando, ainda, a assessoria jurídica prévia para a formalização desses atos e dos negócios jurídicos.".

atribuída. Além disso, a capacitação técnica específica e a regulamentação clara são fundamentais para mitigar riscos, como eventuais conflitos de interesse ou a sobreposição de funções.

Nesse sentido, essencial promover um diálogo interinstitucional entre órgãos reguladores, entidades representativas e os próprios tabelionatos, garantindo que as inovações se traduzam em ganhos efetivos para o sistema jurídico e a sociedade. A mediação, a conciliação e a arbitragem notariais têm potencial para não apenas democratizar o acesso à justiça, mas também fortalecer a credibilidade e a eficiência do foro extrajudicial brasileiro.

Outras questões interessantes permanecem abertas e serão respondidas apenas com a respectiva evolução jurisprudencial e a prática institucional pelos agentes particulares, porquanto a opção pela arbitragem notarial, por exemplo, dependerá da adesão voluntária pelos interessados. As sentenças arbitrais proferidas no seio do notariado ensejarão aumento no número de ações anulatórias? A competência correicional das corregedorias terá condão de restringir ou controlar a atuação dos tabeliães de nota quando à frente de arbitragens? A arbitragem notarial será difundida, ou será uma lei que "não pega", como popularmente se diz no contexto jurídico brasileiro? A mediação e ou conciliação notariais inibirão os interessados de buscarem outras soluções no âmbito da serventia que conduziu determinada transação?

Sem embargo das instigantes questões abertas, ao final, em conclusão, constata-se que, com o devido cuidado na aplicação das normas e o comprometimento com os princípios que fundamentam essas práticas, o papel dos tabeliães pode se expandir de forma a contribuir significativamente para a modernização do direito e para a consolidação de uma cultura de pacificação e diálogo. E, assim, materializar o fenômeno da desjudicialização, tido como solução viável ao grave diagnóstico de litigância excessiva que assola o País.

REFERÊNCIAS

ABBUD, André de Albuquerque Cavalcanti; COMITÊ BRASILEIRO DE ARBITRAGEM. *Adendo à Nota Técnica referente ao Projeto de Lei 4.188/2021 – Inconstitucionalidade do artigo Art. 12, que visa a inserção do artigo 7°-A, incisos II e III, §§ 3°, 4° e 5°, à Lei 8.935/1994.* Disponível em https://cbar.org.br/site/wp-content/uploads/2024/04/cbar-adendo-a-nota-tecnica-pl--4188-2021-veto-final.pdf. Acesso em 20 dez. 2024.

ARAÚJO, Anderson Andrade e; LIMA, Linaldo de Oliveira; ANDRADE, Leonardo Correia Pinheiro de; e RIBEIRO, Mônica Matos. *Serviços eletrônicos notariais como ferramenta de política pública: Lei 8.935/1994 e evolução da plataforma e-Notariado em João Pessoa/PB.* Revista de Direito Notarial e Registral, São Paulo, v.6, n.2, p. 28, jul./dez. 2024. Disponível em: http://rdn.cnbsp.org.br/index.php/direitonotarial/article/view/111/88. Acesso em 3 jan. 2025

BRASIL. *Lei 13.140, de 26 de junho de 2015.* Dispõe sobre a mediação entre particulares como meio de solução de controvérsias e sobre a autocomposição de conflitos no âmbito da administração pública. Brasília, DF: Presidência da República, [2015]. Disponível em: https://www.planalto.gov.br/ccivil_03/_ato2015-2018/2015/lei/l13140.htm Acesso em: 20 dez. 2024.

BRASIL. *Lei 13.105, de 16 de março de 2015.* Institui o Código de Processo Civil. Brasília, DF: Presidência da República, [2015]. Disponível em: https://www.planalto.gov.br/ccivil_03/_ato2015-2018/2015/lei/l13105.htm. Acesso em: 15 dez. 2024.

BRASIL. *Lei 14.711, de 22 de setembro de 2023.* Marco Legal das Garantias. Brasília, DF: Presidência da República, [2023]. Disponível em: https://www.planalto.gov.br/ccivil_03/_ato2023-2026/2023/lei/l14711.htm. Acesso em: 05 dez. 2024.

BRASIL. *Lei 8.935, de 18 de novembro de 1994.* Regulamenta o art. 236 da Constituição Federal, dispondo sobre serviços notariais e de registro. Brasília, DF: Presidência da República, [1994]. Disponível em: https://www.planalto.gov.br/ccivil_03/leis/l8935.htm. Acesso em: 05 dez. 2024.

BRASIL. Supremo Tribunal Federal. *Tema 777 da Repercussão Geral.* O Estado responde, objetivamente, pelos atos dos tabeliães e registradores oficiais que, no exercício de suas funções, causem dano a terceiros, assentado o dever de regresso contra o responsável, nos casos de dolo ou culpa, sob pena de improbidade administrativa. Plenário. RE 842846/RJ, Rel. Min. Luiz Fux, julgado em 27 fev. 2019.

CONSELHO NACIONAL DE JUSTIÇA (Brasil). *Decisão no Pedido de Providências 0003041-62.2024.2.00.0000.* Disponível em: https://www.26notas.com.br/blog/wp-content/uploads/2024/10/competencia-apenas-de-notarios-para-arbitragem.pdf. Acesso em: 19 jan. 2025.

CORRÊA, Leandro; CALAIS, Eduardo. *Função notarial e os atos não exclusivos: o notário latino como* solution provider. Revista de Direito Notarial e Registral, São Paulo, v.6, n.2, p. 244, jul./dez. 2024. Disponível em: http://rdn.cnbsp.org.br/index.php/direitonotarial/article/view/121/97

DUARTE JUNIOR, Luiz Périssé; COMITÊ BRASILEIRO DE ARBITRAGEM. *Tabeliães, Registradores e Arbitragem – O Projeto de Lei 5.243/2009.* Disponível em https://www.cbar.org.br/PDF/PL_5243_2009_Parecer_Luiz_Perisse_Duarte_Junior.pdf. Acesso em 20 dez. 2024.

GIMENES, José Jácomo. *República de processos: uma tragédia nacional em andamento.* JOTA, disponível em: https://www.jota.info/artigos/republica-de-processos-uma-tragedia-nacional--em-andamento. Acesso em: 27 dez. 2024

INSTITUTO DOS ADVOGADOS BRASILEIROS. *Ofício 258/PR/COM/2023, contendo parecer sobre o PL 4.188/2021, em que manifesta contrariedade à Emenda 37.* IAB, São Paulo, 22 ago. 2023. Disponível em https://legis.senado.leg.br/sdleg-getter/documento?dm=9437575&ts=1726077669997&disposition=inline. Acesso em 22 dez. 2024

JOTA. *Especialistas criticam possível regulamentação de tabeliães como árbitros*, São Paulo, 9 de jan. 2025. Disponível em https://www.jota.info/content/info/especialistas-criticam-possivel-regulamentacao-de-tabeliaes-como-arbitros. Acesso em 10 de jan. 2025

LOBO, Daniel. *Datafolha aponta que Cartórios são a instituição mais confiável do Brasil.* Revista Cartórios com Você, São Paulo, nº 29, Ano 5, out-dez 2022, págs. 32-45. Disponível em https://www.anoreg.org.br/site/wp-content/uploads/2023/01/Carto%CC%81rios-com-Voce%CC%82-29-8.pdf. Acesso em 15 dez. 2024

MINAS GERAIS. *Portaria Conjunta CGJ-MG 30/2024.* Dispõe sobre os procedimentos de conciliação e de mediação nos serviços notariais e de registro do Estado de Minas Gerais e dá outras providências. Diário do Judiciário Eletrônico. 24 jul. 2024. Disponível em https://www.tjmg.jus.br/data/files/F1/63/8E/BF/6F9E0910E96267092D28CCA8/PORTARIA%20CONJUNTA%20N%2030CGJ2024.pdf. Acesso em 5 dez. 2024.

OKA, Vinicius. *Seminário Nacional do Notariado reúne mais de 400 profissionais notariais em Natal/RN.* Revista Cartórios com Você, São Paulo, nº 29, Ano 5, out-dez 2022. Disponível em https://www.anoreg.org.br/site/wp-content/uploads/2023/01/Carto%CC%81rios-com-Voce%CC%82-29-8.pdf. Acesso em 15 dez. 2024

PEREIRA, Sávio Luiz Martins. *Desjudicialização da execução civil e os tabelionatos de protesto à luz do Projeto de Lei 6.204/2019.* Informativo do Santos Rodrigues Santiago Tonello Sociedade de Advogados 96/2022, Belo Horizonte, ago. 2022. Disponível em https://srst.com.br/assets/images/uploads/srstnewsartigo96.pdf. Acesso em 02 jan. 2025.

SOUZA, Carla Faria de. *A função notarial na realidade jurídica brasileira.* Rio de Janeiro: Escola da Magistratura do Estado do Rio de Janeiro, 2013. Artigo científico apresentado como exigência de conclusão de curso de pós-graduação *lato sensu*. Disponível em: http://www5.tjba.jus.br/juizadosespeciais/images/pdf/REVISTA_NOVATIO/07_REVISTA_NOVATIO_1a_EDICAO_ARTIGO_05.pdf. Acesso em: 20 dez. 2024

YARSHELL, Flávio Luiz; RODRIGUES, Viviane Siqueira. *Desjudicialização da execução civil: uma solução útil e factível entre nós?* In: MEDEIROS NETO, Elias Marques de; RIBEIRO, Flávia Pereira (orgs.). *Reflexões sobre a desjudicialização da execução civil.* Curitiba: Juruá, 2020. Cap. 16.

A AMPLIAÇÃO DA DESJUDICIALIZAÇÃO DO DIREITO DE FAMÍLIA

YARA JORDÂNIA ALVES

INTRODUÇÃO

É de conhecimento geral que os Direitos Fundamentais da Pessoa Humana trouxeram diversas mudanças ao ordenamento jurídico brasileiro. Inclusive para garantir aos cidadãos os direitos e garantias individuais, sociais e políticos, instrumentos utilizados para a proteção do indivíduo em relação ao Estado.

Referida proteção se encontra consolidada na Constituição Federal de 1988 (CF), principalmente, em seu art. 5° e incisos, possibilitando a aplicação da lei a todos sem qualquer distinção de raça, cor, etnia, gênero, religião ou ideologia política. Essas garantias trazem maior segurança e acessibilidade ao cidadão para dirimir seus conflitos e reconhecer seus direitos perante o Judiciário.

Contudo, nota-se nos últimos anos o crescimento desmensurado das demandas judiciais, ensejando na sobrecarga do Judiciário. O Relatório de Justiça em Números 2024 (ano base 2023[75]), elaborado pelo Conselho Nacional de Justiça (CNJ), mostrou que houve aumento de quase 9,5%, correspondente a 35 milhões de novas ações, em relação ao ano anterior, ocasionando em quase 84 milhões de casos em tramitação.

75 CONSELHO NACIONAL DE JUSTIÇA. Justiça em números 2024. Disponível em: <https://www.cnj.jus.br/wp-content/uploads/2024/05/justica-em-numeros-2024-v-28-05-2024.pdf>. Acesso em: 20 de janeiro de 2025

Acrescenta que nas competências especializadas – tais como: família/idoso/órfão e sucessão, execução fiscal, fazenda pública, infância e juventude e outras – ainda que possuam varas especializadas, apresentam alta taxa de congestionamento[76], estando a área de família com 68% de congestionamento.

O número exponencial de demandas judiciais evidencia a ausência de celeridade desejável na solução dos litígios, visto que o Poder Judiciário não possui estrutura para solucioná-las de forma ágil e segura, o que ocasiona na longa tramitação dos processos.

Diante disso, cada vez mais necessária a busca por soluções pelas vias extrajudiciais, como a mediação, arbitragem, conciliação negociação e a autotutela, de modo a diminuir a sobrecarga do Judiciário e, principalmente, atender aos cidadãos de forma mais célere e segura.

A Lei 11.441/07 que alterou dispositivos do Código de Processo Civil (CPC), de modo a possibilitar a realização de inventário, partilha, separação e divórcio consensuais pela via administrativa, foi uma das medidas que contribuíram para a diminuição das demandas judiciais.

A desjudicialização dos referidos atos acrescentou aos cidadãos alternativa, além do Judiciário, para solucionar seus conflitos e verem reconhecidos seus direitos, de forma segura, célere e excepcionalmente mais econômica do que no âmbito judicial.

Por se tratar de procedimento 'novo' para os serviços notariais, com o intuito de uniformizar os procedimentos em todo País, disciplinou, por meio da Resolução 35/2007, a lavratura dos atos notariais relacionados a inventário, partilha, separação e divórcio.

A implementação desses procedimentos reduzira inúmeros processos judiciais antes necessários, desde que tratem de atos consensuais e não envolvam pessoas incapazes, solucionando muitos

76 *"A taxa de congestionamento mede a efetividade do tribunal em um período, levando-se em conta o total de casos novos que ingressaram, os casos baixados e o estoque pendente ao final do período anterior ao período base."* Disponível em: https://www.cnj.jus.br/gestao-estrategica-e-planejamento/estrategia-nacional-do-poder-judiciario-2009-2014/indicadores/03-taxa-de-congestionamento/#:~:text=%C3%8Dndice&text=Descri%C3%A7%C3%A3o%3A%20A%20taxa%20de%20congestionamento,per%C3%ADodo%20anterior%20ao%20per%C3%ADodo%20base.

casos de forma rápida e segura pelos tabelionatos em observância ao art. 5°, LXXVIII da CF: "*a todos, no âmbito judicial e administrativo, são assegurados a razoável duração do processo e os meios que garantam a celeridade de sua tramitação.*"

Mesmo com a desjudicialização de alguns procedimentos, contudo, as ações judiciais aumentam ano após ano, principalmente no âmbito do Direito de Família. Com isso, muitos casos envolvendo pessoas incapazes e menores de idade passaram a demandar solicitações aos Juízes para que também tramitassem na via administrativa.

Tal fato fez com que, em 07 de março de 2023, o Instituto Brasileiro de Direito de Família (IBDFAM), apresentasse pedido de providências perante o CNJ, distribuído sob o número 0001596-43.2023.2.00.0000, para reformar a Resolução 35/2007, de modo a ampliar as hipóteses de desjudicialização, incluindo:

> (i) autorização para inventário extrajudicial com testamento homologado e partilha consensual;
> (ii) alienação de bens do espólio pelo inventariante para pagamento de despesas;
> (iii) inclusão de menores e incapazes nos procedimentos extrajudiciais, desde que observados cautelas especificas;
> (iv) adequação normativa para a separação de fato consensual; e
> (v) eliminação do instituto da separação extrajudicial.

O pedido se fez justamente com base naquelas inúmeras demandas ajuizadas com o intuito de alvará judicial para autorizar a realização de inventários extrajudiciais, fora dos requisitos estabelecidos pela lei, comtemplando menores ou incapazes.

Após dezessete anos da publicação da norma, adveio a Resolução 571, de agosto de 2024, alterando a Resolução 35/2007 e permitindo a realização de escritura pública de divórcio, inventário e partilha naqueles casos que envolvam filhos menores e/ou incapazes, ampliando de forma significativa a abrangência da solução dos conflitos pela via extrajudicial.

Diante disso, necessário refletirmos sobre o impacto da referida medida no âmbito social, os benefícios e malefícios de sua implementação e o reflexo que trará.

I. LEI 11.441/07 E SEUS IMPACTOS PERANTE A SOCIEDADE BRASILEIRA

A sucinta Lei 11.441/07, composta apenas por três artigos, ocasionou – e ainda ocasiona – incontáveis efeitos, promovendo situações diversas e emblemáticas. Isto porque as diversas interpretações de seus artigos ensejaram sua regulamentação, de modo atender seu principal objetivo de forma uniforme e segura.

Ainda assim, referida Lei atendeu ao seu propósito, proporcionando aos cidadãos a opção de um procedimento abreviado, e com certa previsibilidade da sua duração do início ao fim, sendo isso fundamental, sobretudo quando se trata de superar eventuais crises dolorosas e agudas na relação familiar.

Afinal, prolongar o sofrimento advindo de uma relação amorosa conturbada ou de um luto enseja mais sofrimentos pelas partes, trazendo a via extrajudicial o alívio em saber que em apenas alguns dias se terá o divórcio reconhecido ou o direito hereditário assegurado, reduzindo meses de procedimentos a poucos dias.

Ressalta-se que referidas situações podem ser facilmente vislumbradas na teoria, mas como saberemos que essa medida realmente impactou a vida dos brasileiros? O número de casos no âmbito judicial reduziu? E na economia, houve impactos?

A edição de 2023[77] do Cartório em Números, demonstrou que, de 2007 a novembro de 2023, foram lavradas mais de um milhão de escrituras públicas relacionadas a divórcio consensual em todos os cartórios do Brasil. Os Estados que mais se destacaram foram: São Paulo, Paraná e Minas Gerais.

77 Disponível em: < https://www.anoreg.org.br/site/comunicacao/revistas/cartorio-em-numeros/ >

Os números são ainda maiores em relação aos inventários extrajudiciais, sendo mais de 2 milhões em todo o território brasileiro, destacando-se os Estados de São Paulo, Paraná e Rio Grande de Sul. Equipara-se ao quantitativo de escrituras públicas de união estável, sendo o Rio Grande do Sul o Estado com o maior número de escrituras lavradas, representando 18% de todas as uniões estáveis realizadas no País, seguido por Minas Gerais e Rio de Janeiro.

A pesquisa também aponta que o País economizou mais de oito bilhões de reais apenas com os procedimentos extrajudiciais de divórcio e inventário, bem como cerca de 287 milhões de reais com partilha e separação. Os números não mentem! A desjudicialização desses procedimentos beneficiou a todos, desburocratizando os processos judiciais e os transformando em simples procedimentos administrativos e, acima de tudo, céleres e com segurança jurídica.

Ainda assim, vislumbra-se o acúmulo de processos perante o Poder Judiciário, sendo inclusive relativas as matérias de Direito de Família, uma das áreas mais congestionadas, conforme demonstrou o IBDFAM em sua pesquisa. Não por outro motivo realizou o pedido de providencias junto ao CNJ para ampliar os procedimentos pela via extrajudicial.

2. A AMPLIAÇÃO DA DESJUDICIALIZAÇÃO PELA RESOLUÇÃO 571/2024

Com o resultado favorável da realização dos procedimentos atrelados ao Direito de Família pela via extrajudicial, restou necessária a reforma da Resolução 35/2007, à luz de mudanças na legislação, na jurisprudência e nas demandas sociais, visando maior celeridade e eficiência na resolução das situações nela tratadas.

Isto porque, como introduzido, eram inúmeros os casos que se buscava junto ao Judiciário autorização para a lavratura de escritura pública em situações não previstas na legislação, de modo a obter de forma mais rápida a resolução de demandas até então não prevista na norma, assegurando o direito de todos os envolvidos.

A maioria dos casos tratava de herdeiros idosos ou portadores de deficiência, que necessitavam ainda mais, de rápida por não poderem aguardar a morosa resolução de um inventário no âmbito judiciário, que poderia levar anos para ser concluído e assegurar a função de seus direitos.

Um dos casos que influenciou o pedido de providência, tratava da autorização de inventário extrajudicial cujo cônjuge do *de cujus* era uma pessoa idosa e um de seus herdeiros era incapaz. O caso repercutiu diante da expedição de alvará pelo Ilmo. Juiz da 2ª Vara de Pirassununga/SP, autorizando o procedimento nos seguintes termos:

> *"[...] Ante a concordância do Ministério Público e não se verificando a existência de qualquer prejuízo para a herdeira incapaz, DEFIRO A EXPEDIÇÃO DE ALVARÁ para autorizar a Cessão de Direitos pelo viúvo meeiro aos herdeiros filhos e o processamento do inventário dos bens deixados por M.A.B.G. pela via extrajudicial. Por consequência, DECLARO EXTINTO o processo, nos termos do artigo 487, inciso I, do Código de Processo Civil. A presente sentença valerá como permissão à realização de abertura de inventário extrajudicial dos bens deixados pela 'de cujus' M.A.B.G. Proceda inventariante ao recolhimento das custas, sob pena de inscrição do débito na Dívida Ativa. Aguarde-se, por 30 (trinta) dias, apresentação da escritura de partilha finalizada. Oportunamente, arquivem-se os autos. Publique-se. Intime-se. Cumpra-se."* (Processo digital 1002024-05.2022.8.26.0457)

Essa e outras decisões basearam o citado pedido de providencias do IBDFAM, de modo a autorizar procedimentos extrajudiciais que envolvam também pessoas incapazes ou menores de idade, sendo assim decidido pelo CNJ, *in verbis:*

> PEDIDO DE PROVIDÊNCIAS. DESJUDICIALIZAÇÃO. REFORMA DA RESOLUÇÃO CNJ 35/2007. INVENTÁRIO E DIVÓRCIO EXTRAJUDICIAL COM FILHOS MENORES OU INCAPAZES. PRESENÇA DE TESTAMENTO. ALIENAÇÃO DE BENS PELO INVENTARIANTE. SEPARAÇÃO DE FATO. ADEQUAÇÃO ÀS NORMAS JURÍDICAS E SOCIAIS.
>
> (...)
>
> 4.1. Acolhe-se o pedido de providências para propor a reforma da Resolução CNJ 35/2007, conforme minuta apresentada, abrangendo: (i)

> autorização para inventário extrajudicial com testamento homologado e partilha consensual; (ii) alienação de bens do espólio pelo inventariante para pagamento de despesas; (iii) inclusão de menores e incapazes nos procedimentos extrajudiciais, desde que observadas cautelas específicas; (iv) adequação normativa para a separação de fato consensual; e (v) eliminação do instituto da separação extrajudicial.
>
> 4.2. Tese: A reforma da Resolução CNJ 35/2007 amplia as possibilidades de desjudicialização, adequando o procedimento extrajudicial às exigências legais e sociais, com garantia de segurança jurídica e proteção aos direitos de menores e incapazes. (CNJ – PP – Pedido de Providências – Conselheiro – 0001596-43.2023.2.00.0000 – Rel. LUIS FELIPE SALOMÃO – 3ª Sessão Extraordinária de 2024 – julgado em 20/08/2024).

Diante disso, a Resolução 571/2024 inseriu novos dispositivos à Resolução 35/2007, subdividindo-a em cinco seções, assim disciplinadas: I – Disposições de caráter geral; II – disposições referentes ao inventário e partilha; III – Disposições referentes ao divórcio consensual; IV – Disposições referentes à separação de fato; V – Disposições referentes ao divórcio consensual e V – Disposições referentes à separação de fato.

Em relação às disposições de caráter geral, houve apenas duas alterações. A primeira para inserir o procedimento de extinção da união estável consensual. A segunda quanto à possibilidade de as partes especificarem os bens, direitos e obrigações que pretendem dar publicidade. Os demais artigos dessa seção permaneceram inalterados quanto à redação originária.

As demais seções merecem ser descriminas em tópicos específicos, dada a importância e a evolução jurídica que suas alterações irão ocasionar no ambiente jurídico, seja de forma extrajudicial ou judicial.

3. AS ALTERAÇÕES IMPLEMENTADAS NO PROCEDIMENTO DO INVENTÁRIO EXTRAJUDICIAL PELA RESOLUÇÃO 571/2024

Uma das obrigações previstas para a realização de inventário extrajudicial era a nomeação de inventariante, de modo que representasse o espólio para cumprir as obrigações ativas ou passivas, conforme determina o art. 11 da Resolução 37/2007, *in verbis:*

> Art. 11. É obrigatória a nomeação de interessado, na escritura pública de inventário e partilha, para representar o espólio, com poderes de inventariante, no cumprimento de obrigações ativas ou passivas pendentes, sem necessidade de seguir a ordem prevista no art. 617 do Código de Processo Civil. (Redação dada pela Resolução 326, de 26.6.2020)
> § 1º O meeiro e os herdeiros poderão, em escritura pública anterior à partilha ou à adjudicação, nomear inventariante.

Contudo, ainda que o inventariante possuísse poderes de representação do espólio, não poderia alienar os bens sem a presença de três requisitos cumulativos: (i) aquiescência de todos os interessados, (ii) prévio pagamento do ITCD ou concordância da Fazenda Pública e, principalmente, (iii) autorização judicial, conforme prevê o art. 619[78], inciso I do CPC.

De forma a desvincular o procedimento ao âmbito judicial, a Resolução 571/2024 traz um novo dispositivo (art. 11-A), autorizando o inventariante a alienar os bens móveis e imóveis do espólio, através de escritura pública, independente de autorização judicial, desde que observado os requisitos previstos em seus incisos:

> Art. 11-A. O inventariante poderá ser autorizado, através de escritura pública, a alienar móveis e imóveis de propriedade do espólio, independentemente de autorização judicial, observado o seguinte:
> I – discriminação das despesas do inventário com o pagamento dos impostos de transmissão, honorários advocatícios, emolumentos notariais e registrais e outros tributos e despesas devidos pela lavratura da escritura de inventário;
> II – vinculação de parte ou todo o preço ao pagamento das despesas discriminadas na forma inciso anterior;
> III – não constar indisponibilidade de bens de quaisquer dos herdeiros ou do cônjuge ou convivente sobrevivente;
> IV – a menção de que as guias de todos os impostos de transmissão

78 Art. 619. Incumbe ainda ao inventariante, ouvidos os interessados e com autorização do juiz: I - alienar bens de qualquer espécie; II - transigir em juízo ou fora dele; III - pagar dívidas do espólio; IV - fazer as despesas necessárias para a conservação e o melhoramento dos bens do espólio

> foram apresentadas e o seus respectivos valores; V – a consignação no texto da escritura dos valores dos emolumentos notariais e registrais estimados e a indicação das serventias extrajudiciais que expedirem os respectivos orçamentos; e
> VI – prestação de garantia, real ou fidejussória, pelo inventariante quanto à destinação do produto da venda para o pagamento das despesas discriminadas na forma do inciso I deste artigo.
> § 1º O prazo para o pagamento das despesas do inventário não poderá ser superior a 1 (um) ano a contar da venda do bem, autorizada a estipulação de prazo inferior pelas partes. § 2º Cumprida a obrigação do inventariante de pagar as despesas discriminadas, fica extinta a garantia por ele prestada.
> § 3º O bem alienado será relacionado no acervo hereditário para fins de apuração dos emolumentos do inventário, cálculo dos quinhões hereditários, apuração do imposto de transmissão causa mortis, mas não será objeto de partilha, consignando-se a sua venda prévia na escritura do inventário.

Sequencialmente, acrescentou o art. 12-A, passando a prever a possibilidade do inventário por escritura pública mesmo nos casos que menor ou incapaz, desde que o pagamento de seu quinhão ocorra em parte ideal em cada um dos bens e haja manifestação favorável do Ministério Público. Ainda, prevê, em seus parágrafos, a vedação da disposição de bens dos menores e incapazes, bem como as regras para os casos com a presença de nascituro:

> Art. 12-A. O inventário poderá ser realizado por escritura pública, ainda que inclua interessado menor ou incapaz, desde que o pagamento do seu quinhão hereditário ou de sua meação ocorra em parte ideal em cada um dos bens inventariados e haja manifestação favorável do Ministério Público.
> § 1º Na hipótese do caput deste artigo é vedada a prática de atos de disposição relativos aos bens ou direitos do interessado menor ou incapaz.
> § 2º Havendo nascituro do autor da herança, para a lavratura nos termos do caput, aguardar-se-á o registro de seu nascimento com a indicação da parentalidade, ou a comprovação de não ter nascido com vida.
> § 3º A eficácia da escritura pública do inventário com interessado

menor ou incapaz dependerá da manifestação favorável do Ministério Público, devendo o tabelião de notas encaminhará o expediente ao respectivo representante.

§ 4º Em caso de impugnação pelo Ministério Público ou terceiro interessado, o procedimento deverá ser submetido à apreciação do juízo competente.

Além da possibilidade da realização de procedimentos extrajudiciais envolvendo pessoas incapazes e menores, apresentou-se também nova interpretação ao art. 610 do CPC, visto que gerava dois possíveis entendimentos. O primeiro de que sempre que houvesse testamento, necessariamente demandaria inventário judicial. Pelo segundo, seria possível inventário extrajudicial nos casos em que os herdeiros fossem capazes e concordes.

De modo a unificar as interpretações, o Superior Tribunal de Justiça proferiu entendimento de acordo com a segunda interpretação, possibilitando a realização de inventário advindo de testamento pela via administrativa desde que os herdeiros fossem capazes e concordes:

> [...] DIREITO SUCESSÓRIO. PEDIDO DE HOMOLOGAÇÃO JUDICIAL DE PARTILHA EXTRAJUDICIAL EM QUE HÁ TESTAMENTO. ART. 610, CAPUT E § 1º, DO CPC/15. INTERPRETAÇÃO LITERAL QUE LEVARIA À CONCLUSÃO DE QUE, HAVENDO TESTAMENTO, JAMAIS SERIA ADMISSÍVEL A REALIZAÇÃO DE INVENTÁRIO EXTRAJUDICIAL. INTERPRETAÇÕES TELEOLÓGICA E SISTEMÁTICA QUE SE REVELAM MAIS ADEQUADAS. EXPOSIÇÃO DE MOTIVOS DA LEI 11.441/2007 QUE FIXAVA, COMO PREMISSA, A LITIGIOSIDADE SOBRE O TESTAMENTO COMO ELEMENTO INVIABILIZADOR DA PARTILHA EXTRAJUDICIAL. CIRCUNSTÂNCIA FÁTICA INEXISTENTE QUANDO TODOS OS HERDEIROS SÃO CAPAZES E CONCORDES. CAPACIDADE PARA TRANSIGIR E INEXISTÊNCIA DE CONFLITO QUE INFIRMAM A PREMISSA ESTABELECIDA PELO LEGISLADOR. LEGISLAÇÕES ATUAIS QUE, ADEMAIS, PRIVILEGIAM A AUTONOMIA DA VONTADE, A DESJUDICIALIZAÇÃO DOS CONFLITOS E OS MEIOS ADEQUADOS DE

RESOLUÇÃO DE CONTROVÉRSIAS. POSSIBILIDADE DE PARTILHA EXTRAJUDICIAL, AINDA QUE EXISTENTE TESTAMENTO, QUE SE EXTRAI TAMBÉM DE DISPOSITIVOS DO CÓDIGO CIVIL.

1- Ação distribuída em 28/05/2020. Recurso especial interposto em 22/04/2021 e atribuído à Relatora em 30/07/2021.

2- O propósito recursal é definir se é admissível a realização do inventário e partilha por escritura pública na hipótese em que, a despeito da existência de testamento, todos os herdeiros são capazes e concordes.

3- A partir da leitura do art. 610, caput e § 1º, do CPC/15, decorrem duas possíveis interpretações: (i) uma literal, segundo a qual haverá a necessidade de inventário judicial sempre que houver testamento, ainda que os herdeiros sejam capazes e concordes; ou (ii) uma sistemática e teleológica, segundo a qual haverá a necessidade de inventário judicial sempre que houver testamento, salvo quando os herdeiros sejam capazes e concordes.

4- A primeira interpretação, literal do caput do art. 610 do CPC/15, tornaria absolutamente desnecessário e praticamente sem efeito a primeira parte do § 1º do mesmo dispositivo, na medida em que a vedação ao inventário judicial na hipótese de interessado incapaz já está textualmente enunciada no caput.

5- Entretanto, em uma interpretação teleológica decorrente da análise da exposição de motivos da Lei 11.441/2007, que promoveu, ainda na vigência do CPC/73, a modificação legislativa que autorizou a realização de inventários extrajudiciais no Brasil, verifica-se que o propósito do legislador tencionou impedir a partilha extrajudicial quando existente o inventário diante da alegada potencialidade de geração de conflitos que tornaria necessariamente litigioso o objeto do inventário.

6- A partir desse cenário, verifica-se que, em verdade, a exposição de motivos reforça a tese de que haverá a necessidade de inventário judicial sempre que houver testamento, salvo quando os herdeiros sejam capazes e concordes, justamente porque a capacidade para transigir e a inexistência de conflito entre os herdeiros derruem inteiramente as razões expostas pelo legislador.

7- Anote-se ainda que as legislações contemporâneas têm estimulado a autonomia da vontade, a desjudicialização dos conflitos e a adoção de métodos adequados de resolução das controvérsias, de modo que a via judicial deve ser reservada somente à hipótese em que houver litígio entre

os herdeiros sobre o testamento que influencie na resolução do inventário.
8- Finalmente, uma interpretação sistemática do art. 610, caput e § 1º, do CPC/15, especialmente à luz dos arts. 2.015 e 2.016, ambos do CC/2002, igualmente demonstra ser acertada a conclusão de que, sendo os herdeiros capazes e concordes, não há óbice ao inventário extrajudicial, ainda que haja testamento, nos termos, inclusive, de precedente da 4ª Turma desta Corte.
9- Recurso especial conhecido e provido, a fim de, afastado o óbice à homologação apontado pela sentença e pelo acórdão recorrido, determinar seja dado regular prosseguimento ao pedido. (REsp 1.951.456/RS, Relatora Ministra Nancy Andrighi, Terceira Turma, julgado em 23/8/2022, DJe de 25/8/2022.)

Assim, reconhecida a validade do testamento e estando os interessados harmoniosos e em concordância, não há necessidade da imposição de maiores complexidades para a realização do inventário. Como visto e sabido, a imposição pela via judicial apenas prorroga a conclusão e aumenta as demandas do Poder Judiciário. A via extrajudicial produzirá o mesmo efeito, de modo igualmente seguro, contudo mais célere.

Ademais, a resolução inclui dispositivos que permitem a realização do procedimento pela via extrajudicial nos casos que envolvam menor ou incapaz ainda que possuam testamento, desde que observados os requisitos impostos pelo art. 12-A:

> Art. 12-B. É autorizado o inventário e a partilha consensuais promovidos extrajudicialmente por escritura pública, ainda que o autor da herança tenha deixando testamento, desde que obedecidos os seguintes requisitos:
> I – os interessados estejam todos representados por advogado devidamente habilitado;
> II – exista expressa autorização do juízo sucessório competente em ação de abertura e cumprimento de testamento válido e eficaz, em sentença transitada em julgado;
> III – todos os interessados sejam capazes e concordes;
> IV – no caso de haver interessados menores ou incapazes, sejam também observadas as exigências do art. 12-A desta Resolução;

> V – nos casos de testamento invalidado, revogado, rompido ou caduco, a invalidade ou ineficácia tenha sido reconhecida por sentença judicial transitada em julgado na ação de abertura e cumprimento de testamento.
>
> § 1° Formulado o pedido de escritura pública de inventário e partilha nas hipóteses deste artigo, deve ser apresentada, junto com o pedido, a certidão do testamento e, constatada a existência de disposição reconhecendo filho ou qualquer outra declaração irrevogável, a lavratura de escritura pública de inventário e partilha ficará vedada e o inventário deverá ser feito obrigatoriamente pela via judicial.
>
> § 2° Sempre que o tabelião tiver dúvidas quanto ao cabimento da escritura de inventário e partilha consensual, deverá suscitá-la ao juízo competente em matéria de registros públicos."

De igual modo, possibilitou a via administrativa nos casos que envolvam o reconhecimento da união estável ou de único herdeiro, acrescentando tal previsão nos arts. 19 e 26, nos seguintes termos:

> Art. 19. A meação do convivente pode ser reconhecida na escritura pública, desde que todos os herdeiros e interessados na herança, absolutamente capazes estejam de acordo ou, havendo menor ou incapaz, estejam cumpridos os requisitos do art. 12-A.
>
> Art. 26. Havendo um só herdeiro com direito à totalidade da herança, não haverá partilha, lavrando-se a escritura de inventário e adjudicação dos bens, respeitadas as disposições do art. 12-A quando se tratar de herdeiro menor ou incapaz.

Assim, a resolução traz a possibilidade de inventário extrajudicial também nos casos que envolvam herdeiros/meeiros incapazes, desde que o pagamento do quinhão hereditário ou meação seja realizado em parte ideal em cada um dos bens inventariados e haja a manifestação favorável do Ministério Público.

Ou seja, ainda que, por um lado, a nova norma amplia a realização de procedimentos pela via administrativa, por outro, priva naqueles casos em que se busca melhor planejamento patrimonial, de modo que os herdeiros não fiquem atrelados aos demais em condomínio, demandando a busca pelo Judiciário.

4. DAS MODIFICAÇÕES IMPLEMENTADAS NO PROCEDIMENTO DE DIVÓRCIO E DA SEPARAÇÃO DE FATO

No que tange ao divórcio e a separação consensuais, passaram a ter seções separadas, ocorrendo, inclusive, a alteração da nomenclatura 'separação consensual' para 'separação de fato', visto que a primeira faz referência a uma modalidade do divórcio, podendo ser consensual ou contencioso.

Já a separação de fato *"é o estado em que se encontram os cônjuges que, sem qualquer homologação por tribunal competente, decidem quebrar o dever de coabitação de modo intencional e permanente, podendo esta decisão partir somente de um dos cônjuges ou de ambas as partes"*[79].

Ou seja, a separação de fato é um ato que antecede o divórcio, visto que as partes, ou uma delas, decide não continuar a exercer o vínculo e as obrigações matrimoniais, ainda que residentes na mesma moradia – seja para adequar as situações relativas aos filhos, seja pelo aspecto financeiro ou pessoal –, sem qualquer formalização jurídica.

Voltando à separação consensual, trata-se de 'acordo' realizado entre as partes, estabelecendo-se as cláusulas do divórcio, em comum acordo, sendo este documento apresentado em Juízo para homologação. Com a Resolução 35/2007, esse procedimento também passou a ser realizado pela via extrajudicial, por opção das partes.

Considerando o caráter exclusivo de cada instituto, a Resolução 571/2024 apartou ambos os procedimentos, dispondo sobre o divórcio na seção III e na separação de fato na seção V. Iniciamos nossa análise quanto às alterações nos dispositivos referentes ao divórcio.

A *priori*, vislumbra-se a retirada do termo "absolutamente capazes" do *caput* dos arts. 33 e 34, passando a constar a necessidade dos cônjuges informarem a existência de filhos, sejam eles capazes ou incapazes:

79 https://www.migalhas.com.br/coluna/registralhas/417493/evolucao-e-relevancia-da-separacao-de-fato-no-direito-brasileiro

> Art. 33. Para a lavratura da escritura pública de divórcio consensual, deverão ser apresentados: a) certidão de casamento; b) documento de identidade oficial e CPF/MF; c) pacto antenupcial, se houver; d) certidão de nascimento ou outro documento de identidade oficial dos filhos, se houver; e) certidão de propriedade de bens imóveis e direitos a eles relativos; e f) documentos necessários à comprovação da titularidade dos bens móveis e direitos, se houver.
>
> Art. 34. As partes devem declarar ao tabelião, no ato da lavratura da escritura, que não têm filhos comuns ou, havendo, indicar seus nomes, as datas de nascimento e se existem incapazes. (redação dada pela Resolução 571, de 26.8.2024)
>
> § 1º As partes devem, ainda, declarar ao tabelião, na mesma ocasião, que o cônjuge virago não se encontra em estado gravídico, ou ao menos, que não tenha conhecimento sobre esta condição.
>
> § 2º Havendo filhos comuns do casal menores ou incapazes, será permitida a lavratura da escritura pública de divórcio, desde que devidamente comprovada a prévia resolução judicial de todas as questões referentes à guarda, visitação e alimentos deles, o que deverá ficar consignado no corpo da escritura.
>
> § 3º Na dúvida quanto às questões de interesse do menor ou do incapaz, o tabelião submeterá a questão à apreciação do juiz prolator da decisão.

Acrescenta ainda, parágrafos ao art. 34, de modo a preservar os direitos dos nascituros, devendo as partes entrarem em consenso quando à guarda, visitação e alimentos que devem constar descritos na escritura pública, exigindo-se a declaração das partes de que estão cientes sobre as regulamentações ali estabelecidas, conforme prevê o art. 35:

> Art. 35. Da escritura, deve constar declaração das partes de que estão cientes das consequências do divórcio, firmes no propósito de pôr fim à sociedade conjugal ou ao vínculo matrimonial, respectivamente, sem hesitação, com recusa de reconciliação e concordância com a regulamentação da guarda, da convivência familiar e dos alimentos dos filhos menores e/ou incapazes realizada em juízo.

Os demais artigos permaneceram com o texto originário, sendo retirado apenas o termo 'separação consensual' daqueles que faziam referência ao instituto, permanecendo apenas para o instituto do divórcio. Por fim, acrescentou-se o art. 46-A, que dispõe sobre a aplicação desses dispositivos à extinção da união estável, no que couber.

No tocante à separação de fato, houve a inclusão de única seção para dispor sobre o procedimento, equiparando-se, em alguns pontos, com os requisitos do divórcio relacionados à existência de filhos ou nascituro, senão vejamos:

> Art. 52-A. A escritura pública de declaração de separação de fato consensual deverá se ater exclusivamente ao fato de que cessou a comunhão plena de vida entre o casal.
>
> Art. 52-B. Para a lavratura da escritura pública de declaração de separação de fato consensual, deverão ser apresentados: a) certidão de casamento; b) documento de identidade oficial e CPF/MF; c) manifestação de vontade espontânea e isenta de vícios de não mais manter a convivência marital e de desejar a separação de fato; d)pacto antenupcial, se houver; e) certidão de nascimento ou outro documento de identidade oficial dos filhos, se houver; f) certidão de propriedade de bens imóveis e direitos a eles relativos; g) documentos necessários à comprovação da titularidade dos bens móveis e direitos, se houver; h)inexistência de gravidez do cônjuge virago ou desconhecimento acerca desta circunstância.

Acrescentou, em seus arts. 52-C a 52-E[80], a possibilidade do restabelecimento da comunhão plena de vida entre o casal através de escritura pública, mesmo nas hipóteses em que a separação de fato tenha sido realizada judicialmente, observado os requisitos para tanto.

Por fim, ainda que as seções IV (arts. 48 a 51) e V (art. 52) repita o título atribuído as seções III e V, observa-se deveriam ter sido adequados às seções anteriormente descritas, visto que a seção IV trata do restabelecimento da vida conjugal por meio de escritura

80 Art. 52-C. O restabelecimento da comunhão plena de vida entre o casal pode ser feito por escritura pública, ainda que a separação de fato tenha sido judicial.
Art. 52-D. Na escritura pública de restabelecimento da comunhão plena de vida entre o casal, o tabelião deve: a) anotar o restabelecimento à margem da escritura pública de separação de fato consensual, quando esta for de sua serventia, ou, quando de outra, comunicar o restabelecimento, para a anotação necessária na serventia competente; e b) comunicar o restabelecimento ao juízo da separação de fato judicial, se for o caso.
Art. 52-E. O retorno da comunhão plena de vida entre o casal não altera os termos da sociedade conjugal, que se reestabelece sem modificações

pública, sendo também prevista na seção V. E o art. 52[81] poderia ser incluído na seção III por se tratar da possibilidade da conversão da separação judicial ou extrajudicial em divórcio.

CONCLUSÃO

Assim, vislumbra-se que a Resolução 571/2024 trouxe maior independência aos cidadãos, que poderão realizar de forma mais célere, simples e igualmente segura procedimentos relacionados a questões patrimoniais e familiares, mesmo naqueles casos que envolvam interessados incapazes.

Em resumo, além dos requisitos já estabelecidos na redação original da Resolução 35/2007, para a realização do divórcio contendo filhos menos ou incapazes, deve-se apresentar comprovação de prévia resolução judicial das questões referentes à guarda, visitação e alimentos, a serem consignados no corpo da escritura pública.

Já para a realização de inventário que possua herdeiros/meeiros incapazes, o pagamento do quinhão hereditário ou meação deverá ser realizado em parte ideal em cada um dos bens inventariados. Deve haver, ainda, manifestação favorável do Ministério Público, o que reduz a procura pelo Judiciário aos casos em que os herdeiros busquem melhor planejamento patrimonial, sem que fiquem atrelados aos demais em condomínio.

A possibilidade da realização desses procedimentos no âmbito extrajudicial é um grande avanço para a sociedade, uma vez que transfere às serventias mais procedimentos, viabilizando às partes a solução célere e segura dos inventários e divórcios. Por outro lado, alivia a sobrecarga do Poder Judiciário, de modo a gerar mais efetividade e rapidez nos procedimentos, e, consequentemente, maior economia aos cofres públicos.

---

81 Art. 52. Os cônjuges separados judicialmente, podem, mediante escritura pública, converter a separação judicial ou extrajudicial em divórcio, mantendo as mesmas condições ou alterando-as. Nesse caso, é dispensável a apresentação de certidão atualizada do processo judicial, bastando a certidão da averbação da separação no assento do casamento.

REFERÊNCIAS

CONSELHO NACIONAL DE JUSTIÇA. Justiça em números 2024. Disponível em: <https://www.cnj.jus.br/wp-content/uploads/2024/05/justica-em-numeros-2024-v-28-05-2024.pdf>. Acesso em: 20 de janeiro de 2025

BRASIL. Lei 11.441, 04 de janeiro de 2007. Altera dispositivos da Lei no 5.869, de 11 de janeiro de 1973 – Código de Processo Civil, possibilitando a realização de inventário, partilha, separação consensual e divórcio consensual por via administrativa. Brasília/DF: Diário Oficial da União, 2007. https://www.planalto.gov.br/ccivil_03/_ato2007-2010/2007/lei/l11441.htm

BRASIL. Lei 13.105, de 16 de março de 2015. Código de Processo Civil. Brasília/DF: Diário Oficial da União, 2015. < https://www.planalto.gov.br/ccivil_03/_ato2015-2018/2015/lei/l13105.htm>

BRASIL. Resolução 35, de 24 de abril de 2007. Disciplina a aplicação da Lei 11.441/07 pelos serviços notariais e de registro. Brasília/DF: Diário Judicial Eletrônico CNJ, 2007. < https://atos.cnj.jus.br/atos/detalhar/179>

RETIFICAÇÃO EXTRAJUDICIAL EM CARTÓRIOS DE REGISTRO CIVIL E REGISTRO DE IMÓVEIS

MATHEUS DAVID SILVA

INTRODUÇÃO

O objetivo central deste estudo é analisar o instituto da retificação extrajudicial aplicado aos Cartórios de Registro Civil e de Registros de Imóveis, abordando tanto a previsão legal e os procedimentos administrativos quanto os limites a essa prática.

Além de explorar os aspectos técnicos e jurídicos das retificações extrajudiciais, o artigo busca refletir sobre a aplicação dos princípios da Administração Pública nos procedimentos de retificação, destacando sua relevância para a segurança jurídica e eficiência do sistema registral brasileiro.

A análise também engloba questões relativas ao Direito Administrativo, como discussão sobre a classificação dos notários e registradores como agentes públicos, natureza dos atos que praticam e aspectos relacionados ao Direito Notarial e Registral, incluindo reflexão sobre o Registro Público e seu papel na garantia da autenticidade, publicidade e eficácia dos atos jurídicos.

Para embasar as discussões, serão utilizadas obras científicas, artigos, livros e jurisprudência a título exemplificativo e demonstrativo.

I. CLASSIFICAÇÃO DOS NOTÁRIOS E REGISTRADORES E SUA ATUAÇÃO NA RETIFICAÇÃO DE REGISTROS PÚBLICOS

Para melhor compreensão do tema, deve-se destacar que os notários e registradores, conforme entendimento do Superior Tribunal de Justiça, são considerados agentes públicos[82].:

Tal entendimento também é compartilhado por parte da doutrina, que entende que os notários e registradores são particulares em colaboração (agentes honoríficos), pois apesar de serem particulares, desempenham determinadas funções específicas que podem ser caracterizadas como de natureza pública, sempre em decorrência do vínculo jurídico que os conecta ao Estado.[83]

As atividades são exercidas de forma privada, por delegação do Poder Público, conforme estabelece o art. 236 da Constituição Federal e essas funções estão subordinadas a regime jurídico específico, previsto na Lei 8.935/1994, que regulamenta referido dispositivo constitucional.[84]

Diante de tal atribuição, o delegatário deve observar rigorosamente os princípios éticos e as normas administrativas que regem sua atuação, pois, ao assumir tal responsabilidade, compromete-se com a coletividade a prestar um serviço de qualidade[85]. Assim, na condição de agentes públicos, desempenham atos revestidos de todos os atributos e submetidos aos requisitos estabelecidos pelo Direito Administrativo.[86]

Entre estes atos, insere-se o de retificação de erros ou inconsistências em registros públicos, como os civis ou imobiliários, sem a necessidade de ação judicial. Esse ato é regulado pela Lei de Registros Públicos (Lei 6.015/1973). No tocante ao registro público, alvo

---

82 REsp 1186787/MG, Rel. Ministro SÉRGIO KUKINA, PRIMEIRA TURMA, julgado em 24/04/2014, DJe 05/05/2014.

83 CARVALHO FILHO, José. Manual de Direito Administrativo, 35 ed. Barueri-SP, Atlas, 2021, p. 603

84 CARVALHO FILHO, José. Manual de Direito Administrativo, 35 ed. Barueri-SP, Atlas, 2021, p. 604

85 RODRIGUES, Marcelo, Tratado de Registros Públicos e Direito Notarial 3. ed. Salvador. Editora Juspodivm, 2021, p.35

86 RIBEIRO, Luis Paulo. Responsabilidade administrativa do notário e do registrador, por ato próprio e por ato de preposto Revista de Direito Imobiliário 2016 RDI VOL. 81 (JULHO - DEZEMBRO 2016) p.3

da retificação, Marcelo Rodrigues, Desembargador do Tribunal de Justiça de Minas Gerais e grande doutrinador na área de Direito Notarial e Registral, define-o da seguinte forma:

> Nesse contexto, o Registro Público cuida-se de instituição estatal organizada a serviço das partes – pessoas naturais ou jurídicas, públicas ou privadas – com o objetivo de proteger os direitos inscritos, bem como os de terceiros, alheios ao ato ou negócio jurídico outorgados pelos sujeitos em cujos nomes foram inscritos tais direitos, de modo a prevenir ou, ao menos, solucionar conflitos de interesses, em proveito da indispensável harmonia e paz sociais. Efetivamente, é a única instituição estatal concebida com os fins precípuos de garantir a autenticidade, eficácia, publicidade e segurança jurídica e, para tanto, exige-se sua constituição como modelo de organização técnica e administrativa (art. 1., Lei 9.835, de 1994).[87]

Observada tal definição, compreende-se que a regularidade dos registros públicos é indispensável para evitar dúvidas, conflitos e prejuízos entre as partes envolvidas ou terceiros interessados. Um registro incorreto pode gerar disputas sobre a titularidade de bens, a validade de contratos ou a identidade de indivíduos.

As retificações nos registros públicos são essenciais para manter a ordem jurídica e a funcionalidade do sistema de registros. Ao assegurar a regularidade, precisão e confiabilidade das informações, elas protegem direitos individuais e coletivos, evitam conflitos e promovem a segurança jurídica, fortalecendo a estabilidade das relações sociais e econômicas.

2. RETIFICAÇÕES NO REGISTRO CIVIL

Após a explanação geral sobre a instituição e a retificação dos registros de forma ampla, pertinente avançar à análise da retificação realizada no âmbito específico do registro civil. Esse segmento do sistema registral desempenha papel fundamental na formalização e proteção

87 RODRIGUES, Marcelo, Tratado de Registros Públicos e Direito Notarial 3. ed. Salvador. Editora Juspodivm, 2021 p.20

dos direitos das pessoas naturais, abrangendo atos como o registro de nascimento, casamento, óbito, entre outros eventos essenciais à identificação e à personalidade jurídica dos indivíduos.

A seguir, será examinado o histórico do fundamento legal e as hipóteses de retificação.

2.1 Lei de Registros Públicos e alterações em âmbito de Registro Civil

A Lei 12.100/2009 trouxe a primeira modificação significativa ao art. 40 da Lei dos Registros Públicos, com o objetivo específico de permitir que a retificação de registros civis pudesse ser realizada sem necessidade de sentença judicial. Essa mesma lei alterou o art. 57 da LRP, a fim de viabilizar que a retificação extrajudicial, introduzida pelo novo art. 110, possibilitasse mudanças excepcionais no nome do registrado, dispensando tanto a sentença judicial quanto os requisitos previamente exigidos, como o arquivamento de mandado no cartório e a publicação da alteração em meios de comunicação.[88]

O art. 110, em sua redação trazida pela Lei 12.100/2009, permitia que erros simples e evidentes – ou seja, aqueles cuja necessidade de correção fosse constatada de forma imediata – pudessem ser corrigidos diretamente pelo oficial de registro no cartório, sem decisão judicial. No entanto, a manifestação do Ministério Público era obrigatória.[89]

Posteriormente, a Lei 13.484/2017 promoveu maior desburocratização, pois ampliou as hipóteses de retificação administrativa, organizando e detalhando melhor os procedimentos. Isso ocorreu pois foram revogados os parágrafos 1º a 4º do art. 110, que regulavam o procedimento de retificação administrativa com a intervenção do Ministério Público, e foi acrescentado o § 5º, determinando que, quando a retificação for necessária devido a erro atribuído ao

88 EL DEBS, Martha, A retificação administrativa ou extrajudicial de registro civil: nova sistemática adotada pela lei 13.484/2017, Meu site jurídico, 2017, recurso online

89 EL DEBS, Martha, A retificação administrativa ou extrajudicial de registro civil: nova sistemática adotada pela lei 13.484/2017, Meu site jurídico, 2017, recurso online.

oficial ou a seus auxiliares, não será exigido o pagamento de taxas ou selos pelos interessados.[90]

2.2 *Hipóteses de cabimento da Retificação Extrajudicial em Registro Civil – Análise do dispositivo legal*

Explicado o desenvolvimento da retificação extrajudicial em Registro Civil na LRP, deve-se explicar as hipóteses em que cabível a retificação em sede administrativa.

O art. 110 da LRP, com redação dada pela Lei 13.484/2017, regula a possibilidade de retificação administrativa de registros públicos, averbações e anotações. Esse dispositivo é um avanço significativo na desburocratização do sistema registral brasileiro, pois permite a correção de erros sem necessidade de autorização judicial ou manifestação prévia do Ministério Público.

Seu *caput* estabelece que as retificações podem ser realizadas tanto por iniciativa do oficial quanto por solicitação do interessado, por meio de petição assinada. Essa previsão simplifica o processo ao dispensar autorização judicial ou intervenção ministerial.

Já o inciso I prevê a correção de erros materiais ou evidentes, cuja necessidade de retificação é clara e dispensa análise subjetiva ou investigação aprofundada. Exemplos incluem erros de digitação, como nomes grafados incorretamente ou datas invertidas. Por se tratar de erros simples, a atuação do oficial é direta, dispensando procedimentos adicionais.

O inciso II, por sua vez, refere-se a falhas que ocorrem durante a transcrição de informações provenientes de documentos oficiais, como mandados judiciais. A exigência de arquivamento em cartório, do documento utilizado para retificação confere maior segurança jurídica e transparência, permitindo rastrear a origem da correção e evitar fraudes ou equívocos futuros.

90 EL DEBS, Martha, A retificação administrativa ou extrajudicial de registro civil: nova sistemática adotada pela lei 13.484/2017, Meu site jurídico, 2017, recurso online.

O inciso III abrange erros relacionados à organização e sequência dos registros no cartório, como a numeração errada de livros, folhas ou termos. Também inclui inconsistências na data de registro. Por serem questões formais, que não afetam diretamente o conteúdo do registro, essas correções são simples e podem ser realizadas administrativamente pelo oficial.

O inciso IV trata de situações em que o município de nascimento ou naturalidade não foi informado no registro, embora haja descrição clara do local de nascimento. A retificação nesses casos é importante para evitar imprecisões ou prejuízos ao registrado, especialmente para finalidades legais que exijam a identificação completa do local de nascimento.

Por fim, o inciso V prevê a atualização de registros quando um distrito é elevado à condição de município ou quando há alteração no nome de um município em virtude de legislação específica. Essa retificação é essencial para garantir a conformidade do registro com a realidade administrativa e geográfica vigente.

O parágrafo quinto estabelece que, quando o erro a ser corrigido foi causado pelo próprio oficial ou por seus colaboradores, não será cobrado nenhum valor do interessado pela correção, em consonância com o art. 3º, inciso IV da Lei 10.169/2000.

2.3 Diferenças entre Retificação, Alteração e Modificação

É importante destacar que há diferenças conceituais entre alterar, mudar e retificar. O presente artigo limita-se a abordar os casos de retificação, concentrando-se nos procedimentos e requisitos específicos para corrigir falhas nos registros públicos, sem tratar de alterações ou mudanças substanciais nos dados registrados.

Marcelo Rodrigues bem explica tal questão:

> Frise se, novamente, que retificar é diferente de mudar, que por sua vez diverge de alterar. Com efeito, na alteração não se cogita de reparar erro; trata-se de uma modificação do que era certo e definitivo, normalmente implicando acréscimo. Na mudança, há uma

> substituição de um nome (ou prenome) por outro, envolvendo ideia mais ampla do que a alteração. Quem muda adota outro nome ou o transforma completamente. Já quem altera introduz modificação que não retira do nome seu caráter anterior, permanecendo reconhecível, ao passo que na retificação se corrige um erro ou se repara uma omissão na redação do ato de nascimento[91]

Portanto, no presente estudo não serão abordadas e detalhadas questões relacionadas a alteração ou mudança de nome, que de fato não envolvem correção de erros em registro e, consequentemente, não constam no art. 110 da LRP.

2.4 Limites a Retificação Extrajudicial em Registro Civil

O art. 109 da LRP apresenta alternativa para a correção de registros públicos em situações em que não é possível utilizar o procedimento simplificado previsto no art. 110. Enquanto este trata de casos de retificação extrajudicial, destinados a corrigir erros evidentes, materiais ou formais que não exijam investigação complexa, aquele regula os casos que demandam análise mais aprofundada, com a participação do Poder Judiciário.

Com efeito, o art. 109 estabelece que, quando o interessado desejar a retificação de um registro que envolva controvérsias ou questões complexas, e que não possa ser resolvida por meio do procedimento administrativo, será necessário propor ação judicial. Nesse caso, o interessado deve apresentar requerimento ao juiz competente, indicando a natureza do erro, os elementos que precisam ser corrigidos e os fundamentos jurídicos que embasam seu pedido.

Esse procedimento é mais amplo e adequado para situações em que existam dúvidas sobre os fatos ou documentos apresentados, haja o risco de prejuízo a terceiros, a correção implique mudança significativa no conteúdo do registro ou os erros não sejam evidentes ou demandem interpretação jurídica.

---

91 RODRIGUES, Marcelo, Tratado de Registros Públicos e Direito Notarial 3. ed. Salvador. Editora Juspodivm, 2021 p.160

A principal distinção entre os dois dispositivos está na complexidade e no grau de formalidade do procedimento. Enquanto o art. 110 é utilizado para erros simples, que podem ser corrigidos administrativamente pelo oficial do cartório, sem necessidade de judicialização, o art. 109 é acionado quando o erro exige decisão judicial, especialmente nos casos que envolvam prova, contraditório ou que gerem controvérsia quanto ao mérito da retificação.

Embora este seja o dispositivo que regula o procedimento judicial para a retificação de registros, as hipóteses previstas no art. 110 também podem ser objeto de demanda judicial, caso o interessado opte por esse caminho. Assim, as duas vias, administrativa e judicial, coexistem como alternativas, cabendo ao interessado escolher a que melhor atenda às suas necessidades, como bem observado em julgados do Tribunal de Justiça de Minas Gerais:

> APELAÇÃO CÍVEL – AÇÃO DE RETIFICAÇÃO DE REGISTRO CIVIL – ERRO NA GRAFIA DE NOME – CORREÇÃO PELA VIA ADMINISTRATIVA – ART. 110 DA LEI DE REGISTROS PÚBLICOS – FACULDADE DO REQUERENTE – INTERESSE DE AGIR PRESENTE – PRINCÍPIO DA INAFASTABILIDADE DA JURISDIÇÃO – ART. 5º, XXXV, DA CONSTITUIÇÃO DA REPÚBLICA – RECURSO PROVIDO.1. A retificação de nome na via administrativa, em casos de erros de grafia deve ser entendida como uma faculdade da parte e não uma obrigação. 2. Muito embora o art. 110 da Lei n.º 6.015/1973 autoriza o interessado a obter a retificação diretamente com o oficial do registro, in casu nada impede a atuação do Poder Judiciário, sobretudo em razão do princípio constitucional da inafastabilidade da jurisdição (art. 5º, XXXV, da CR/1988) que dispõe que "a lei não excluirá da apreciação do Poder Judiciário lesão ou ameaça a direito". [92]

> APELAÇÃO CÍVEL. PEDIDO DE RETIFICAÇÃO DE REGISTRO CIVIL. OPÇÃO PELA VIA JUDICIAL. FALTA DE INTERESSE DE AGIR. EXTINÇÃO SEM RESOLUÇÃO DO MÉRITO.

---

92 Apelação Cível 1.0239.17.002345-5/001, Relator(a): Des.(a) Wagner Wilson, 19ª CÂMARA CÍVEL, julgamento em 27/09/2018, publicação da súmula em 03/10/2018

IMPOSSIBILIDADE. VIA ADMINISTRATIVA. FACULDADE. ART. 110, DA LEI 6.015/73. SENTENÇA CASSADA Na forma do art. 110 da Lei 6.015/73, a retificação do registro civil pela via extrajudicial é faculdade da parte e não imposição da lei. [93]

Na sequência, será analisada a retificação extrajudicial no registro de imóveis, com enfoque em seu funcionamento, requisitos e principais características. Serão explorados os critérios legais e as etapas do procedimento.

3. RETIFICAÇÃO EXTRAJUDICIAL EM REGISTRO DE IMÓVEIS

Após a exposição acerca da retificação extrajudicial no âmbito do registro civil, passa-se à análise da retificação administrativa nos registros de imóveis. Este procedimento representa um instrumento importante para corrigir inexatidões, ajustar informações ou adequar o registro à realidade jurídica e fática do imóvel, novamente sem a necessidade de intervenção judicial.

De semelhante modo, a abordagem explorará a previsão legal e as hipóteses em que a retificação administrativa é aplicável.

3.1 Lei de Registro Público e alterações em âmbito de registro de imóveis

No passado, a retificação de registros só podia ser solicitada pelo interessado através de procedimento judicial. Contudo, com a promulgação da Lei 10.931/2004, os arts. 212 e 213 da LRP, foram alterados, permitindo que a retificação de registros imobiliários fosse realizada diretamente pelo Oficial do Registro de Imóveis competente, a pedido da parte interessada.[94]

Essa lei introduziu importante inovação ao possibilitar que o Oficial do Registro realizasse a retificação não apenas a partir de solicitação do interessado, mas também de ofício, ou seja, por iniciativa própria, sem que fosse necessária solicitação formal. Tal prática

93 Apelação Cível 1.0132.15.002182-3/001, Relator(a): Des.(a) Armando Freire, 1ª CÂMARA CÍVEL, julgamento em 01/08/2017, publicação da súmula em 09/08/2017

94 REIS, Danielle, *et al*, Direito imobiliário: teoria e prática. Londrina: Editora Científica, 2023

é permitida em situações como omissões ou erros na transposição de elementos do título, alterações na denominação de logradouros públicos e ajustes ou inserções de dados relacionados à qualificação pessoal das partes envolvidas.[95]

Quanto a essa questão, essencial enfatizar que:

> As retificações que envolvessem alteração da descrição das divisas ou da área do imóvel era necessário citar todos os confrontantes, o alienante ou seus sucessores, para se manifestarem no prazo de 10 (dez) dias, após o Ministério Público era ouvido e após o pedido era deferido ou impugnado.
>
> Pelo processo ser mais complexo e demorado, por precisar ir para a via judicial, inúmeras vezes os proprietários só percebiam a irregularidade registral na hora de vender o imóvel, e afim de evitar gastos e um processo judicial longo, transferiam para o comprador da forma como estava o registro, mas com o advento da Lei 10.931/2004, tornou-se mais fácil e rápido o processo de retificação de área de imóvel rural.[96]

De fato, a promulgação da Lei 10.931/2004 trouxe avanços significativos ao sistema de registros imobiliários ao simplificar e desburocratizar os procedimentos de retificação. Ao permitir que ajustes sejam feitos de maneira mais célere e menos onerosa, não apenas aprimorou a funcionalidade do sistema registral, mas também impulsionou a formalização e a retificação de registro de imóveis.

3.2 Hipóteses de cabimento da Retificação Extrajudicial em Registo de Imóveis– Análise do dispositivo legal

As hipóteses em que a retificação extrajudicial pode ser realizada em Cartórios de Registro de Imóveis são previstas nos arts. 212 e 213 da LRP.

O *caput* do art. 212 define as condições para a retificação de registros ou averbações que apresentem falhas. Para tanto, utiliza três categorias principais, sendo elas: I) omissão, em que há ausência

95 REIS, Danielle *et al*, Direito imobiliário: teoria e prática. Londrina: Editora Científica, 2023

96 FONSECA, Emeli, KUHNHEN, Pablo, RETIFICAÇÃO ADMINISTRATIVA DE ÁREA DE IMÓVEL RURAL: UMA ABORDAGEM SOBRE AS DIFICULDADES ENCONTRADAS PELOS REGISTRADORES DE IMÓVEIS, Revista Jurídica: Direito e Cidadania na Sociedade Contemporânea, v. 7, n. 7, p. 152-167, 2023. p.158

de informações que deveriam constar no registro, como elementos essenciais ou obrigatórios para a identificação clara e completa do imóvel; II) imprecisão, que trata a respeito de erros ou ambiguidades que comprometem a clareza ou a exatidão das informações registradas, como discrepâncias nas descrições perimetrais ou na qualificação das partes; e III) inadequação à verdade, que envolve situações em que o registro não reflete a realidade dos fatos, seja por erro material ou informações desatualizadas.

O parágrafo único estabelece que a escolha pela retificação administrativa, prevista no art. 213, não exclui o direito de buscar a prestação jurisdicional. Isso garante que a parte prejudicada possa recorrer ao Judiciário caso assim deseje, não limitando a escolha do interessado apenas à via administrativa.

Já o *caput* do art. 213 estabelece que a retificação pode ocorrer de ofício, por iniciativa do próprio oficial do cartório, para corrigir erros formais e evidentes ou, a requerimento do interessado, quando o titular ou uma parte interessada solicita a retificação, apresentando os documentos necessários. Esta previsão reflete a eficiência administrativa, ao permitir correções simples pelo próprio oficial, e o direito do interessado às alterações quando identificar incorreções.

O inciso I traz as situações em que a retificação pode ser feita por iniciativa do oficial ou a pedido do interessado, sendo que a alínea "a" abrange erros ou omissões na reprodução de informações constantes no título original para o registro. Por exemplo, erros de digitação ou omissão de dados importantes na transcrição do título ou documento para o registro imobiliário. Esse tipo de erro, por sua natureza objetiva, pode ser corrigido facilmente com base no título apresentado.

Já a alínea "b" trata da necessidade de corrigir ou atualizar informações sobre a confrontação de um imóvel. Isso é relevante para garantir que os registros reflitam a situação real dos limites territoriais do imóvel, especialmente em casos de alteração na posse ou titularidade de imóveis vizinhos.

A alínea "c" prevê a possibilidade de atualizar o registro em caso de mudança no nome de ruas, avenidas ou outros logradouros públicos, desde que comprovada por documento oficial. Essa medida é essencial para manter a conformidade do registro com a realidade administrativa e facilitar a identificação do imóvel.

A alínea "d" permite a retificação para incluir informações técnicas como rumos, ângulos de deflexão ou coordenadas georreferenciadas, desde que não alterem as medidas perimetrais. Esse dispositivo reflete a modernização do sistema registral, adaptando-o às tecnologias de georreferenciamento.

A alínea "e" autoriza correções ou inserções derivadas de cálculos matemáticos baseados nas medidas já constantes no registro. Por exemplo, áreas calculadas com base em perímetros previamente registrados podem ser ajustadas sem necessidade de alteração substancial no conteúdo do registro.

A alínea "f" trata da possibilidade de reproduzir, no registro de um imóvel, a descrição de linhas divisórias que já tenham sido objeto de retificação em imóveis confrontantes. Isso garante uniformidade e precisão nos registros relacionados a imóveis vizinhos.

Por fim, a alínea "g" permite a correção ou inserção de informações de qualificação pessoal, como nome, estado civil ou filiação, desde que comprovadas por documentos oficiais. Quando houver necessidade de outras provas, a retificação deve ser realizada mediante despacho judicial.

O inciso II regula a retificação de medidas perimetrais, com ou sem alteração da área do imóvel, a requerimento do interessado. Para isso, deve ser apresentado: I) Planta e memorial descritivo, elaborados por profissional habilitado; II) Anotação de Responsabilidade Técnica (ART): Registro no Conselho Regional de Engenharia e Arquitetura (CREA) e; III) Assinatura dos confrontantes, garantindo que estejam cientes e concordem com as alterações. Esse dispositivo assegura que alterações complexas sejam realizadas com respaldo técnico e consentimento das partes envolvidas.

Ainda, o parágrafo primeiro estabelece que, atendidos os requisitos do art. 225 da LRP, o oficial deve realizar a averbação da retificação. Este artigo trata da obrigatoriedade de que os documentos apresentados estejam em conformidade com as normas legais e técnicas, garantindo a segurança e validade do ato registral.

No tocante às retificações previstas no inciso II, que exigem anuência dos confrontantes, verificando-se a não anuência de um dos confinantes, o Oficial do Registro de Imóveis procederá à sua notificação pessoal ou por correio, com aviso de recebimento, ou por meio do Oficial do Registro de Títulos e Documentos (§2º). Caso todas as alternativas não concretizem a notificação, poderá determinar que seja realizada por meio de edital a ser publicado duas vezes em jornal local de grande circulação (§ 3º)[97].

Depois de notificado, o confinante tem quinze dias para manifestar-se. Se o confrontante quedar-se inerte, presumida será sua anuência (§4º), já em caso de impugnação fundamentada pelo confrontante, o oficial deverá intimar o requerente e o profissional que houver assinado a planta e o memorial para se manifestarem, no prazo de cinco dias (§5º).

Concretizando-se tal situação, duas alternativas são abertas às partes: i) a solução do impasse por meio de acordo amigável; ii) não havendo conciliação, o Oficial remeterá a questão ao Judiciário, que deverá decidir de plano ou após instrução sumária, excetuado caso em que a controvérsia verse sobre direito de propriedade de qualquer das partes, hipótese em que os interessados devem utilizar as vias ordinárias para dirimi-la (§ 6º).

3.3 Limites a retificação extrajudicial em Registro de Imóveis

Como demonstrado em matéria de retificação de registro civil, existem limites à retificação administrativa. Nesse viés, deve-se esclarecer que:

---

97 MELLO, Maurício, A retificação extrajudicial no registro de imóveis, ANOREG/BR, 2007, recurso online

A separar a índole da retificação – se administrativa ou judicial – basta observar se fica aquém ou não do interesse de terceiro, diante do qual a primeira não é oponível, subsistindo apenas a segunda. Na esfera administrativa nenhum ato que invada a esfera jurídica de terceiro poderá ser praticado, exatamente porque a citação e o contraditório, inclusive, naturalmente, a possibilidade de produção de provas, por parte de quem o direito seja, ao menos em tese, suprimido, são atos essenciais ao devido processo legal[98].

Conclui-se, desse modo, não serem possíveis retificações em sede administrativa que envolvam direitos de terceiros e demandem produção de provas, como em casos versando sobre direitos de propriedade. Quanto a essa questão, a título exemplificativo, observa-se julgados do TJMG:

APELAÇÃO CÍVEL – SUSCITAÇÃO DE DÚVIDA – PEDIDO DE RETIFICAÇÃO DE REGISTRO/MATRÍCULA – IMÓVEL POSSUIDOR DE REGISTROS EM TRIPLICIDADE – DILAÇÃO PROBATÓRIA E PARTICIPAÇÃO DOS DEMAIS PROPRIETÁRIOS – NECESSIDADE – IMPOSSIBILIDADE DE RETIFICAÇÃO NO PROCEDIMENTO DE DÚVIDA – NATURAZA ADMINISTRATIVA – RECURSO DESPROVIDO.- O procedimento de dúvida, no registro de imóveis, tem natureza administrativa, cuja apreciação se limita à análise do documento que se pretende registrar.- No caso em análise, considerando que requerimento apresentado pela parte autora visa à alteração do próprio imóvel, com substituição por outro lote, situado em quadra diversa, não há que se falar em retificação administrativa nos termos do art. 213 da Lei de Registros Públicos, mormente porque a discussão travada é complexa e necessita de dilação probatória, podendo repercutir nos interesses dos demais proprietários.[99]

EMBARGOS DE DECLARAÇÃO – ERRO MATERIAL – EFEITOS INFRINGENTES – ACÓRDÃO ANULADO – NOVO JULGAMENTO – APELAÇÃO CÍVEL – PROCEDIMENTO

98 RODRIGUES, Marcelo, Tratado de Registros Públicos e Direito Notarial 3. ed. Salvador. Editora Juspodivm, 2021 p.560

99 Apelação Cível 1.0000.21.098795-4/001, Relator(a): Des.(a) Ângela de Lourdes Rodrigues, 8ª CÂMARA CÍVEL, julgamento em 13/08/2021, publicação da súmula em 31/08/2021

DE SUSCITAÇÃO DE DÚVIDA – RETIFICAÇÃO DE ÁREA – IMÓVEL RURAL – AUMENTO SUBSTANCIAL DA ÁREA – AUSÊNCIA DE ANUÊNCIA DOS CONFRONTANTES – DILAÇÃO PROBATÓRIA – IMPOSSIBILIDADE NA VIA ADMINISTRATIVA – PROCEDÊNCIA DA DÚVIDA – RECURSO DESPROVIDO. (...) A retificação de área de imóvel não constitui aquisição de propriedade, mas sim a correção de erro no registro, nos termos dos artigos 212 e 213 da Lei de Registros Públicos (Lei 6.015/73). A retificação de área de imóvel rural, com aumento substancial de área, requer a anuência de todos os confrontantes, e, uma vez constatada dúvida sobre a regularidade do acréscimo de área, a retificação não pode ser realizada na via administrativa, sendo necessária a dilação probatória em ação judicial própria. Embargos acolhidos. Recurso de apelação desprovido.[100]

Demonstradas as limitações à retificação extrajudicial em Registro de Imóveis, passa-se à análise dos princípios da Administração Pública e sua aplicação às retificações extrajudiciais.

4. PRINCÍPIOS DA ADMINISTRAÇÃO PÚBLICA E SUA APLICAÇÃO À RETIFICAÇÃO EXTRAJUDICIAL

Compreendidas as possibilidades de retificação extrajudicial em Registro Civil e de Imóveis, cumpre ressaltar que: "Os registros públicos delegados fazem parte da Administração como atividade jurídica. Integrados ao Direito administrativo, vertente do Direito Público, sujeitam-se, portanto, aos seus princípios"[101].

Do mesmo modo que os registros públicos se sujeitam aos princípios do Direito Público, sua retificação também está a eles vinculada. Dessa forma, no presente tópico, será analisada a aplicação de cinco princípios do Direito Administrativo expressos na Constituição Federal (Art. 37) ao ato de retificação extrajudicial.

100 Embargos de Declaração-Cv 1.0000.24.149266-9/002, Relator(a): Des.(a) Gilson Soares Lemes, 16ª Câmara Cível Especializada, julgamento em 27/11/2024, publicação da súmula em 29/11/2024
101 RODRIGUES, Marcelo, Tratado de Registros Públicos e Direito Notarial 3. ed. Salvador. Editora Juspodivm, 2021 p.35

4.1 Legalidade

O princípio da legalidade é a diretriz fundamental da atuação dos agentes públicos, impedindo que ajam de forma discricionária ou além dos limites estabelecidos pela legislação. Na Administração Pública, não há espaço para ações baseadas em liberdades ou vontades individuais, pois, se a atividade não for autorizada por lei, será considerada ilícita.[102]

O agente público não age com base em sua própria vontade, mas em conformidade com a lei, que define o interesse público a ser atendido como uma obrigação[103]. Assim, a aplicação do princípio da legalidade nos atos de retificação extrajudicial exige que a atuação do oficial de registro se limite às hipóteses permitidas por lei.

O oficial não pode ultrapassar os limites de sua função e deve recusar-se a praticar atos que não estejam previstos expressamente na legislação. Do mesmo modo, as retificações realizadas de forma extrajudicial não podem gerar dúvidas sobre a validade e eficácia dos atos praticados, protegendo tanto os direitos dos particulares quanto a fé pública do registro.

Portanto, o princípio da legalidade no contexto das retificações extrajudiciais dos registros públicos reforça o compromisso com a precisão, a segurança jurídica e a obediência ao ordenamento jurídico, delimitando as funções dos registradores e protegendo os interesses das partes envolvidas.

4.2 Impessoalidade

O princípio da impessoalidade, no âmbito do Direito Administrativo, deriva tanto do princípio geral da igualdade quanto da isonomia como princípio constitucional. Ele exige que o poder público trate todos os cidadãos de forma equânime, sem privilégios ou

---

102 CARVALHO FILHO, José. Manual de Direito Administrativo, 35 ed. Barueri-SP, Atlas, 2021, p.20

103 RIBEIRO, Luis Paulo, RIBEIRO, Luis Paulo. Responsabilidade administrativa do notário e do registrador, por ato próprio e por ato de preposto Revista de Direito Imobiliário 2016 RDI VOL. 81 (JULHO - DEZEMBRO 2016) p.3

perseguições. Além disso, impõe que os atos administrativos sejam praticados unicamente para cumprir a finalidade legal estabelecida pela norma jurídica, seja de forma expressa ou implícita. Dessa forma, é vedado ao agente público utilizar sua função para autopromoção ou para desviar-se do objetivo previsto na legislação.[104]

Esse princípio é aplicável aos Notários e Registradores, que, assim como qualquer prestador de serviço público, têm o dever de atender a todos de forma igualitária, com cordialidade e eficiência, conforme estabelece o art. 30, inciso II, da Lei 8.935/94.[105]

Na retificação extrajudicial de registros públicos, o princípio da impessoalidade manifesta-se de modo que todos os interessados que busquem a retificação de um registro devem ser tratados de forma isonômica, sem distinções baseadas em condições pessoais, sociais ou financeiras. O oficial de registro deve atuar com neutralidade, analisando os pedidos de retificação exclusivamente com base nos requisitos legais, nos documentos apresentados, e as decisões devem ser técnicas, sem influência de interesses pessoais ou externos.

A retificação extrajudicial deve ser realizada com o objetivo de garantir a correção, a precisão e a segurança jurídica dos registros públicos, que são instrumentos de fé pública, independente de quem seja o interessado.

4.3 Moralidade

O princípio da moralidade, observado no art. 30 da Lei 8.935/94, abrange tanto normas de conduta quanto deveres inerentes ao exercício profissional. Esses deveres, que podem ser gerais e específicos, incluem desde a necessidade de um comportamento que dignifique a função também na vida privada, até a prática de atos com probidade, o atendimento adequado às partes, a preservação dos livros,

104 RAMOS, Gisela, Princípios Jurídicos. Belo Horizonte. Editora Fórum, 2012 p.478

105 RABELO, Walkíria, Princípios da Administração Pública: Reflexo nos Serviços Notariais e de Registro, Colégio Notarial do Brasil, sem data, recurso online

papéis e documentos do cartório, o correto encaminhamento de dúvidas e a atenção ao recolhimento de tributos.[106]

Nos atos de retificação extrajudicial, o oficial deve verificar a legitimidade e a autenticidade dos documentos apresentados, certificando-se de que a retificação não serve a finalidades fraudulentas, como falsificar dados para obter vantagens indevidas. Deve agir com neutralidade, sem se deixar influenciar por vantagens pessoais, favores ou pressões externas, mantendo um comportamento ético em todas as etapas do processo, bem como devendo assegurar que terceiros eventualmente afetados pela retificação sejam notificados ou consultados, garantindo que seus direitos sejam preservados e que o procedimento ocorra de forma transparente.

O parágrafo quinto do art. 110, já citado, reflete o princípio da moralidade administrativa, garantindo que o cidadão não seja penalizado por falhas cometidas pelo serviço público delegatário. Portanto, a retificação atende ao interesse público, preservando a segurança e a veracidade dos registros, que possuem fé pública e são essenciais para a organização da sociedade, cumprindo, assim, o princípio da moralidade

4.4 Publicidade

O princípio da publicidade exige que os atos da Administração Pública sejam amplamente divulgados, assegurando total transparência em suas atividades. Ele garante que a sociedade possa acompanhar a atuação do poder público e se mantenha plenamente informada sobre tudo que lhe diz respeito, direta ou indiretamente. Dessa forma, a publicidade possibilita que os cidadãos avaliem e fiscalizem a gestão pública, verificando se os objetivos estabelecidos estão sendo cumpridos de forma adequada.[107]

---

106 RABELO, Walkíria, Princípios da Administração Pública: Reflexo nos Serviços Notariais e de Registro, Colégio Notarial do Brasil, sem data, recurso online
107 RAMOS, Gisela, Princípios Jurídicos. Belo Horizonte. Editora Fórum, 2012 p.481

Os atos de retificação extrajudicial estão sujeitos a esse princípio, pois os registros são, em regra, acessíveis a qualquer pessoa que demonstre interesse legítimo, nos termos do art. 16 da LRP. Isso inclui as informações corrigidas por meio de retificações. Tal princípio também é expresso no art.1º da Lei 8.935/94.

O procedimento de retificação deve ser conduzido de forma clara, com a devida publicidade dos atos e decisões tomadas pelo oficial de registro. Toda retificação realizada deve ser anotada ou averbada no registro correspondente, de forma clara e acessível, para que terceiros possam tomar conhecimento das alterações realizadas.

Após a retificação, as certidões emitidas pelo registro público devem refletir as informações corrigidas, garantindo a transparência, a atualidade dos dados e, assim, o cumprimento do princípio da publicidade.

4.5 Eficiência

O princípio da eficiência exige que a Administração Pública atue com produtividade, economicidade e qualidade, garantindo a execução dos serviços com presteza e rendimento funcional. Isso implica a redução de desperdícios de recursos públicos e a adoção de condutas ágeis e proporcionais às demandas do serviço, considerando o volume e a complexidade dos usuários. Além disso, aspectos como celeridade, desburocratização e flexibilização são fundamentais para assegurar que as necessidades da sociedade sejam atendidas de forma satisfatória.[108]

De maneira clara, o art. 4º da Lei 8954/1994 estabelece que os serviços notariais e de registro devem ser prestados de forma eficiente e apropriada. Uma das maiores vantagens da via extrajudicial é a rapidez na tramitação dos procedimentos. Enquanto a via judicial pode levar meses ou até anos, dependendo da

108 CARVALHO FILHO, José. Manual de Direito Administrativo, 35 ed. Barueri-SP, Atlas, 2021, p.32

complexidade do caso, em função da sobrecarga do Poder Judiciário, a via extrajudicial costuma ser concluída em semanas ou dias.

A via extrajudicial se destaca como alternativa moderna, eficiente e acessível à via judicial, em questões de baixa complexidade e sem disputas. Ao oferecer agilidade, economia e desburocratização, ela beneficia não apenas os indivíduos diretamente envolvidos, mas também o sistema jurídico como um todo, promovendo maior celeridade e eficiência nos serviços públicos.

CONCLUSÃO

A possibilidade de resolver questões de maneira extrajudicial traduz-se em economia de tempo e recursos. A desnecessidade de ajuizamento de ações judiciais para resolver erros que não envolvam disputas ou complexidades maiores contribui para a diminuição da sobrecarga do Poder Judiciário. Isso também permite que os cidadãos obtenham soluções rápidas e menos custosas, promovendo maior acessibilidade à justiça e ao direito.

A retificação extrajudicial é parte de uma tendência mais ampla de desjudicialização que tem ganhado espaço no Brasil. O objetivo é deslocar para a esfera administrativa procedimentos que, por sua natureza, não exigem a intervenção de um juiz. No entanto, é fundamental garantir que os procedimentos extrajudiciais mantenham alto padrão de transparência, segurança e acessibilidade.

Nesse sentido, fundamental citar que:

> O recente movimento de desjudicialização, do qual a Lei 10.931, de 2004 é uma das vertentes, acarreta igualmente novas responsabilidades aos titulares dessas delegações, os quais devem estar preparados, como profissionais do direito, a quem a lei outorga a garantia de independência funcional, a assumi-las por inteiro, não se permitindo seduzir pela cômoda, burocrática e pronta solução de remessa do problema ao juiz competente.[109]

109 RODRIGUES, Marcelo, Tratado de Registros Públicos e Direito Notarial 3. ed. Salvador. Editora Juspodivm, 2021 p.575

A retificação extrajudicial, ao fortalecer a funcionalidade do sistema registral brasileiro, promove não apenas a desburocratização, mas também a ampliação do acesso à justiça, consolidando um modelo que prioriza a agilidade e a confiança, sem renunciar à rigidez normativa indispensável à segurança jurídica. Essa abordagem equilibrada permite que o sistema atenda às demandas da sociedade de maneira mais ágil e eficaz, ao mesmo tempo que preserva a aplicação dos Princípios do Direito Administrativo.

REFERÊNCIAS

REsp 1186787/MG, Rel. Ministro SÉRGIO KUKINA, PRIMEIRA TURMA, julgado em 24/04/2014, DJe 05/05/2014.

RAMOS, Gisela, Princípios Jurídicos. Belo Horizonte. Editora Fórum, 2012

EL DEBS, Martha, A retificação administrativa ou extrajudicial de registro civil: nova sistemática adotada pela lei 13.484/2017, Meu site jurídico, 2017, recurso online. Disponível em: https://meusitejuridico.editorajuspodivm.com.br/2017/10/31/retificacao-administrativa-ou-extrajudicial-de-registro-civil-nova-sistematica-adotada-pela-lei-13-4842017/

CARVALHO FILHO, José. Manual de Direito Administrativo, 35 ed. Barueri-SP, Atlas, 2021,

RODRIGUES, Marcelo, Tratado de Registros Públicos e Direito Notarial 3. ed. Salvador. Editora Juspodivm, 2021

RIBEIRO, Luis Paulo. Responsabilidade administrativa do notário e do registrador, por ato próprio e por ato de preposto Revista de Direito Imobiliário 2016 RDI VOL. 81 (JULHO-DEZEMBRO 2016)

FONSECA, Emeli, KUHNHEN, Pablo, RETIFICAÇÃO ADMINISTRATIVA DE ÁREA DE IMÓVEL RURAL: UMA ABORDAGEM SOBRE AS DIFICULDADES ENCONTRADAS PELOS REGISTRADORES DE IMÓVEIS, Revista Jurídica: Direito e Cidadania na Sociedade Contemporânea, v. 7, n. 7, p. 152-167, 2023

RABELO, Walkíria, Princípios da Administração Pública: Reflexo nos Serviços Notariais e de Registro, Colégio Notarial do Brasil, sem data, recurso online Disponível em: https://www.notariado.org.br/principios-da-administracao-publica-reflexo-nos-servicos-notariais-e-de-registro/

MELLO, Maurício, A retificação extrajudicial no registro de imóveis, Anoreg/BR, 2007, recurso online Disponível em: https://www.anoreg.org.br/site/imported_8942/

BUSCA E APREENSÃO EXTRAJUDICIAL EM CONTRATOS DE ALIENAÇÃO FIDUCIÁRIA

SILVIA BARBOSA JUNQUEIRA

1. CONSIDERAÇÕES INICIAIS

A busca e apreensão extrajudicial em contratos de alienação fiduciária configura tema de elevada relevância, especialmente diante da crescente utilização da alienação fiduciária como mecanismo de garantia dos negócios jurídicos. Esse instituto, disciplinado pelo Decreto-Lei 911/1969, foi criado para conferir maior segurança jurídica ao credor fiduciário, permitindo-lhe a retomada célere do bem objeto do contrato em caso de inadimplemento do devedor. Contudo, o exercício desse direito suscita importantes reflexões acerca do equilíbrio contratual e da proteção do devedor em face do princípio da boa-fé objetiva e da função social dos contratos[110].

O instituto da alienação fiduciária em garantia se caracteriza pela transferência da propriedade resolúvel do bem ao credor, que a mantém até a quitação integral da obrigação pelo devedor. Nessa relação, os deveres de cooperação, lealdade e proteção assumem protagonismo, visto que o contrato deve atender não apenas à realização dos interesses econômicos, mas também a preservação da dignidade do devedor.

110 A boa-fé objetiva, em suma, é a busca pela conduta ética nas relações contratuais, aferida a partir de um padrão de comportamento caracterizado por lealdade, cooperação e consideração com os interesses da outra parte. Já a função social dos contratos possui o papel de limitar a autonomia contratual, com o objetivo precípuo de evitar que a liberdade contratual seja exercida abusivamente, garantindo o equilíbrio entre as partes e que o negócio jurídico atenda aos interesses sociais, sem prejuízos à coletividade.

Assim, a execução da busca e apreensão extrajudicial exige análise criteriosa para evitar que tal prerrogativa resulte em abusos ou lesão à parte hipossuficiente da relação contratual. Nesse sentido que a celeridade proporcionada por esse procedimento muitas vezes leva à defesa da necessidade de maior controle jurídico sobre o procedimento. Sobretudo no tocante ao cumprimento dos requisitos legais para sua aplicação.

Tal aparente dicotomia – celeridade *x* proteção do devedor – é ainda marcada pela necessária compatibilização entre o direito do credor e a proteção do consumidor, condição muitas vezes também verificada em relação ao devedor, considerado parte vulnerável na relação. Por isso se reafirma que a busca e apreensão extrajudicial, ao mesmo tempo em que reforça a posição do credor fiduciário, deve assegurar que os direitos do devedor sejam respeitados e que o procedimento não cause impactos desproporcionais ao seu patrimônio e subsistência.

Com efeito, a alienação fiduciária, enquanto mecanismo de garantia, deve ser compreendida como instrumento de fomento às relações comerciais, mas jamais desassociada dos valores que norteiam as relações obrigacionais no ordenamento jurídico brasileiro. É nesse contexto que se coloca o desafio de encontrar um equilíbrio entre a tutela do credor e a proteção ao devedor, sendo que, no campo prático, observa-se que a efetividade da busca e apreensão extrajudicial pode ser comprometida por questões como a inobservância de requisitos formais ou a resistência à entrega do bem pelo devedor.

E com o advento da Lei 14.711/2023, que trouxe relevantes inovações ao Decreto-Lei 911/1969, tornou-se ainda mais relevante a atuação dos cartórios de registro de títulos e documentos no procedimento de busca e apreensão extrajudicial, de modo que as ressalvas até aqui resumidas também devem ser observadas pelos oficiais destas serventias.

Dessa forma, o estudo sobre os fundamentos, limites e desdobramentos da busca e apreensão extrajudicial é essencial para a compreensão de sua aplicabilidade no cenário jurídico contemporâneo, sendo o principal objetivo deste trabalho jogar mais luz ao tema e sua relevância também na prática das serventias extrajudiciais.

2. FUNDAMENTOS JURÍDICOS DA BUSCA E APREENSÃO EXTRAJUDICIAL EM CONTRATOS DE ALIENAÇÃO FIDUCIÁRIA E OS LIMITES DA AUTOTUTELA NO PROCEDIMENTO

Como visto, a busca e apreensão extrajudicial em contratos de alienação fiduciária encontra seus fundamentos no Decreto-Lei 911/1969, representando importante ferramenta para assegurar a satisfação do crédito em operações garantidas. A alienação fiduciária, enquanto modalidade de garantia real, transfere ao credor fiduciário a propriedade resolúvel do bem, assegurando-lhe o direito de retomar o objeto da garantia em caso de inadimplemento.

Esse mecanismo busca garantir maior celeridade e efetividade às relações obrigacionais, mas exige análise à luz dos princípios fundamentais do Direito Civil e se baseia, inicialmente, na comprovação da mora do devedor, por meio da notificação emitida por cartório de títulos e documentos, conforme exigido pelo art. 2º do Decreto-Lei 911/1969.

Em consonância com o Tema 1.132, do Superior Tribunal de Justiça (STJ), a interpretação do § 2º do referido dispositivo é no sentido de que, para a comprovação da mora, é suficiente o envio de notificação extrajudicial ao devedor no endereço indicado no instrumento contratual, dispensando-se a prova do recebimento até mesmo por terceiros:

> RECURSO ESPECIAL REPRESENTATIVO DE CONTROVÉRSIA. AFETAÇÃO AO RITO DOS RECURSOS ESPECIAIS REPETITIVOS. TEMA 1.132. AÇÃO DE BUSCA E APREENSÃO. ALIENAÇÃO FIDUCIÁRIA COM GARANTIA. COMPROVAÇÃO DA MORA. NOTIFICAÇÃO EXTRAJUDICIAL COM AVISO DE RECEBIMENTO. PROVA DE REMESSA AO ENDEREÇO CONSTANTE DO CONTRATO. COMPROVANTE DE

ENTREGA. EFETIVO RECEBIMENTO. DESNECESSIDADE. 1. Para fins do art. 1.036 e seguintes do CPC, fixa-se a seguinte tese: Em ação de busca e apreensão fundada em contratos garantidos com alienação fiduciária (art. 2º, § 2º, do Decreto-Lei 911/1969), para a comprovação da mora, é suficiente o envio de notificação extrajudicial ao devedor no endereço indicado no instrumento contratual, dispensando-se a prova do recebimento, quer seja pelo próprio destinatário, quer por terceiros. 2. Caso concreto: Evidenciado, no caso concreto, que a notificação extrajudicial foi enviada ao devedor no endereço constante do contrato, é caso de provimento do apelo para determinar a devolução dos autos à origem a fim de que se processe a ação de busca e apreensão. 3. Recurso especial provido. (REsp 1.951.888/RS, Rel. Min. João Otávio de Noronha, Segunda Seção, julgado em 9/8/2023)

A partir do vencimento do prazo estabelecido na notificação, o credor fiduciário pode requerer diretamente a posse do bem, dispensando a necessidade de intervenção judicial inicial. Essa prerrogativa, embora amplamente defendida como medida de proteção ao credor, deve ser interpretada em consonância com o princípio do equilíbrio contratual, considerando a vulnerabilidade do devedor na maioria das relações fiduciárias.

Por esse principal motivo, o instituto da alienação fiduciária em garantia, especialmente no contexto da busca e apreensão, é permeado pela tensão entre a celeridade na recuperação do crédito e a proteção aos direitos do devedor. A doutrina destaca que o credor fiduciário, ao exercer o direito de busca e apreensão, não pode desconsiderar os princípios da proporcionalidade e da razoabilidade, sob pena de causar danos irreparáveis ao devedor[111].

Assim, o estudo dos fundamentos jurídicos da busca e apreensão extrajudicial revela a necessidade de constante evolução interpretativa, especialmente diante das transformações econômicas e sociais que influenciam as relações obrigacionais. A alienação fiduciária, enquanto mecanismo de garantia, deve ser compreendida não apenas

111 FARIAS, Cristiano Chaves de; ROSENVALD, Nelson. Curso de direito civil: obrigações. 10. ed. rev. e atual. Salvador: Ed. JusPodivm, 2016.

como um instrumento de segurança jurídica para o credor, mas também como uma relação jurídica que exige respeito aos princípios do Direito Contratual e Constitucional.

A análise crítica e aprofundada do instituto contribui para sua aplicação de maneira equilibrada e condizente com os valores fundamentais do ordenamento jurídico brasileiro. Neste contexto que a autotutela no procedimento extrajudicial desperta intensos debates, sobretudo no que diz respeito aos limites impostos pela legalidade e pela observância dos princípios constitucionais.

Afinal, trata-se de mecanismo excepcional, em que uma das partes, sem intervenção judicial, exerce diretamente seus direitos, como ocorre em casos de alienação fiduciária e busca e apreensão. Ainda que amparada pelo ordenamento jurídico em situações específicas, a autotutela deve ser analisada sob a ótica da proporcionalidade e da razoabilidade visando o equilíbrio das partes envolvidas.

O fundamento jurídico da autotutela no procedimento extrajudicial encontra respaldo em dispositivos legais como o art. 1.368-B do Código Civil e no Decreto-Lei 911/1969. A autotutela não deve ser vista como prerrogativa ilimitada do credor, mas como instrumento condicionado ao respeito às normas de convivência social e aos direitos do devedor, evitando-se a imposição de medidas que agravem sua vulnerabilidade.

Aspecto relevante é a compatibilização da autotutela com os direitos fundamentais do devedor, especialmente no que tange à sua proteção contra práticas abusivas. O Código de Defesa do Consumidor, por exemplo, estabelece normas específicas para coibir excessos em contratos de adesão, garantindo que a parte hipossuficiente não seja prejudicada por cláusulas ou práticas desproporcionais.

Essa foi a tônica, por exemplo, do debate travado em torno da aplicação da teoria do adimplemento substancial como óbice à busca e apreensão de *bens móveis fungíveis* gravados com alienação fiduciária com constatação de saldo ínfimo para total quitação do valor garantido pelo bem. No âmbito do Tribunal de Justiça de Minas Gerais, por exemplo, a matéria foi enfrentada pela 2ª Seção Cível no julgamento do Incidente de Resolução de Demandas Repetitivas 0327953-67.2016.8.13.0000, em 26/02/2018[112].

Conforme relatório do acórdão, a Defensoria Especializada do Consumidor manifestou-se justamente no sentido de que:

> (...) por conta da boa fé objetiva, da função social do contrato, da proibição de enriquecimento sem causa e da vedação ao abuso do direito, a teoria do adimplemento substancial impede que o credor resolva o contrato quando o devedor honrar parcela essencial da obrigação. Defendeu que em tal situação a instituição financeira dispõe de meios menos gravosos à perseguição do crédito do que o fim drástico da avença e o emprego invasivo da busca e apreensão.

O Ministério Público de Minas Gerais apresentou argumentação semelhante: "*os credores possuem formas menos gravosas de obtenção do crédito que não a violenta retirada dos bens de indivíduos hipossuficientes, que deles necessitam para o desenvolvimento de suas atividades*". Tais argumentos, contudo, não prevaleceram na solução da controvérsia, tendo a Relatora do caso, Des. Cláudia Maia, ponderado:

> Não olvido que a reciprocidade da obrigação do devedor fiduciante "está no contrato principal objeto da garantia e, não no momento imediato, no contrato de alienação fiduciária em garantia" (Alexandre Gereto de Mello Faro. Regime jurídico da alienação fiduciária em garantia e alienação fiduciária de ações. Dissertação de Mestrado. PUC/SP, 2016, p. 64). Todavia, feitas as considerações retro alinhadas, entendo não ser possível ignorar que a alienação fiduciária (representada pela possibilidade de o credor utilizar da busca e apreensão, independentemente do valor inadimplido) constitui elemento de grande relevância no processo

112 IRDR. INCIDENTE DE RESOLUÇÃO DE DEMANDAS REPETITIVAS. TEORIA DO ADIMPLEMENTO SUBSTANCIAL (SUBSTANTIAL PERFORMANCE). CONTRATO DE MÚTUO BANCÁRIO GARANTIDO POR ALIENAÇÃO FIDUCIÁRIA PARA AQUISIÇÃO DE VEÍCULO. INAPLICABILIDADE. DESRESPEITO À BASE OBJETIVA DO NEGÓCIO. VIOLAÇÃO POSITIVA DO CONTRATO. INOBSERVÂNCIA DE DEVERES ANEXOS. COMPORTAMENTO CONTRADITÓRIO. AUSÊNCIA DE INTUITO RESOLUTIVO. MICROSSISTEMA LEGAL (LEI Nº 4.728/1965 E DL Nº 911/1969). DEVER DE QUITAÇÃO INTEGRAL DA PRESTAÇÃO. FALTA DE DILIGÊNCIA. FUNÇÃO SOCIAL DO CONTRATO. PRINCÍPIOS DA ECONOMIA E CELERIDADE PROCESSUAIS. PRINCÍPIO DA EFETIVIDADE DA JURISDIÇÃO. A teoria do adimplemento substancial é inaplicável em sede de contrato de mútuo bancário garantido por alienação fiduciária para aquisição de bem móvel fungível. V.V. A teoria do adimplemento substancial é aplicável em sede de contrato de mútuo bancário garantido por alienação fiduciária para aquisição de bem móvel fungível, desde que o pagamento faltante seja ínfimo, comparando-se com o total do negócio.

> de forja e conformação do negócio principal (mútuo financeiro), razão pela qual a adoção da teoria do adimplemento substancial se torna descabida uma vez que o empecilho ao emprego efetivo da garantia revelaria espécie de violação positiva do contrato. O desprezo à garantia fiduciária significaria, sob o viés obrigacional no qual o devedor fiduciante encontra-se inserido, claro desrespeito aos deveres anexos de lealdade e cooperação. Haveria, destarte, nítida infringência à boa fé objetiva.
>
> (...)
>
> Portanto, a intenção de se retirar do credor fiduciário a faculdade de se valer da busca e apreensão configuraria evidente desrespeito às bases negociais a partir das quais a relação jurídica com o devedor fiduciante foi engendrada, havendo patente desconsideração aos deveres laterais da cooperação e lealdade, dando azo a inconcebível comportamento contraditório (*venire contra factum proprium*).
>
> (...)
>
> Então, por mais que pareça brusco que o credor tenha o direito de dar por vencida a dívida integralmente, de vender o bem, e, se o devedor não pagar a dívida inteira, já ser expedido um certificado de propriedade em nome do credor, ou de um terceiro, é exatamente essa possibilidade que o sistema jurídico dá, de o credor saber que, diante da inadimplência, ele vai reintegrar, rapidamente, o bem ao seu patrimônio, para vendê-lo e imputar no pagamento da dívida, isso é que possibilita o aumento da concessão de crédito e deveria levar a uma diminuição de taxa de juros, que, se não acontece, é um problema de economia de mercado, que será ainda mais agravado se houver decisões judiciais que tirem a força do sistema de alienação fiduciária.

Esse entendimento vem sendo mantido pelo STJ[113], confirmando a complexidade do instituto, que exige sempre análise cuidadosa e equilibrada, contribuindo para sua aplicação de forma justa e eficaz, com respeito aos direitos das partes envolvidas e promovendo a estabilidade das relações contratuais. Situações estas que ganham ainda maior relevo com o advento da Lei 14.711/2023.

113 (...). ALIENAÇÃO FIDUCIÁRIA. AÇÃO DE BUSCA E APREENSÃO. PURGA DA MORA. NÃO OCORRÊNCIA. PROCEDÊNCIA DA AÇÃO. 1. Em julgamento proferido no Recurso Especial 1.622.555/MG (Rel. Ministro Marco Buzzi, Rel. p/ acórdão Ministro. Marco Aurélio Bellizze, DJe de 16/3/2017), a Segunda Seção concluiu pela impossibilidade de aplicação da teoria do adimplemento substancial aos contratos celebrados com base no Decreto-Lei 911/1969. 2. Agravo interno a que se nega provimento. (AgInt no REsp n. 1.829.405/DF, relatora Ministra Maria Isabel Gallotti, Quarta Turma, julgado em 18.5.2020)

3. REFLEXOS DA LEI 14.711/23 SOBRE O TEMA

Está em vigor, desde 31/10/2023, a Lei 14.711, conhecida como Marco Legal das Garantias, que atualiza o regime de garantias ao crédito e disciplina medidas extrajudiciais para sua recuperação. A norma resulta do Projeto de Lei 4.188/2021, proposto pelo então Chefe do Poder Executivo, com a justificativa de ser necessário facilitar e baratear o acesso ao crédito, mediante a redução de barreiras burocráticas e criação de garantias simplificadas para os negócios jurídicos.

Foram alteradas ou incluídas diversas regras que impactam diretamente o mercado de crédito, estabelecendo-se, inclusive, a possibilidade de que o tabelião de protesto, caso assim opte o credor, proponha ao devedor solução negocial prévia ao efetivo protesto do título apresentado. A regulamentação deste tema foi inserida no art. 11-A da Lei 9.492/97.

Especificamente em relação ao tema da busca e apreensão, o art. 6º da Lei 14.711/2023 trouxe significativas alterações ao Decreto-Lei 911/1969, com inclusão dos arts. 8-B a 8-C. Nos termos do primeiro dispositivo, existindo previsão expressa no contrato – em cláusula com destaque – e comprovada a mora nos termos do art. 2º, § 2º do mesmo diploma, poderá o credor promover a consolidação da propriedade diretamente perante o cartório de registro de títulos e documentos, em substituição ao procedimento judicial.

O rito do procedimento está arrolado nos diversos parágrafos também inseridos ao art. 8º-B, sendo este julgado do TJMG bom exemplo de como as previsões ali contidas se aplicam apenas ao procedimento extrajudicial[114]:

114 (...) ALIENAÇÃO FIDUCIÁRIA - AÇÃO DE BUSCA E APREENSÃO - DECISÃO QUE INDEFERIU A LIMINAR – PARA A COMPROVAÇÃO DA MORA, É SUFICIENTE O ENVIO DE NOTIFICAÇÃO EXTRAJUDICIAL AO DEVEDOR NO ENDEREÇO INDICADO NO INSTRUMENTO CONTRATUAL, DISPENSANDO-SE A PROVA DO RECEBIMENTO, QUER SEJA PELO PRÓPRIO DESTINATÁRIO, QUER POR TERCEIROS - MORA COMPROVADA – ALEGAÇÃO DE ABUSIVIDADE DAS CLÁUSULAS CONTRATUAIS QUE DEVE SER FORMULADA EM PRIMEIRO GRAU DE JURISDIÇÃO, NÃO PODENDO SER ANALISADA NESTA OPORTUNIDADE, SOB PENA DE SUPRESSÃO DE INSTÂNCIA - A LEI 14.711/2023 DISPÕE, ENTRE OUTRAS COISAS, SOBRE O PROCEDIMENTO DE BUSCA E APREENSÃO EXTRAJUDICIAL DE BENS MÓVEIS EM CASO DE INADIMPLEMENTO DE CONTRATO DE ALIENAÇÃO FIDUCIÁRIA, E PORTANTO, NÃO SE APLICA AO PROCEDIMENTO JUDICIAL – MORA COMPROVADA - DECISÃO MANTIDA - RECURSO NÃO PROVIDO. (TJSP; Agravo de Instrumento 2010133-96.2025.8.26.0000; Rel. Luiz Eurico; 33ª Câmara de Direito Privado; Julgamento: 24/02/2025)

> (...) AÇÃO DE BUSCA E APREENSÃO – ALIENAÇÃO FIDUCIÁRIA – LIMINAR DEFERIDA PELA INSTÂNCIA DE ORIGEM – NULIDADE DA NOTIFICAÇÃO EXTRAJUDICIAL – VIOLAÇÃO AO ARTIGO 8º-B, §13º, I, DO DECRETO-LEI 911/69 – INOCORRÊNCIA – INAPLICABILIDADE AO CASO CONCRETO – AUSÊNCIA DE ESPECIFICAÇÃO DAS PARCELAS EM ATRASO – SÚMULA 245, STJ – DISPENSABILIDADE – REVOGAÇÃO DA MEDIDA LIMINAR E EXTINÇÃO DO FEITO, SEM RESOLUÇÃO DO MÉRITO – IMPOSSIBILIDADE. O art.8ºB, §13º, do Decreto-Lei 911/69, foi incluído pela Lei 14.711, de 2023, e dispõe basicamente sobre o procedimento de busca e apreensão extrajudicial de bens móveis em caso de inadimplemento de contrato de alienação fiduciária, ou seja, trata da consolidação da propriedade perante o competente cartório de registro de títulos e documentos no lugar do procedimento judicial, o que, por óbvio, não se aplica ao caso dos autos, notadamente pela opção do credor fiduciário em demandar na via judicial. – À luz do que dispõe a Súmula 245, STJ, a notificação destinada a comprovar a mora nas dívidas garantidas por alienação fiduciária dispensa a indicação do valor do débito. – Comprovada a regular constituição em mora da parte devedora, não há que se falar em extinção do processo com base no art. 485, III, do CPC. (Agravo de Instrumento-Cv 1.0000.24.243388-6/001, Relator(a): Des.(a) Tiago Gomes de Carvalho Pinto, 16ª Câmara Cível Especializada, julgamento em 20/08/2024)

Já o art. 8º-C traz a sequência do procedimento, após a consolidação da propriedade, autorizando ao credor até mesmo a venda do bem a terceiros e, o que se apresenta mais relevante, possibilitando que seja requerido ao próprio Oficial de registro de títulos e documentos a busca e apreensão extrajudicial do bem, caso não tenha sido disponibilizado de forma voluntária pelo devedor.

A nova legislação municia o credor e o próprio Oficial de registo das ferramentas necessárias à efetividade da medida extrajudicial, prevendo a possibilidade de lançamento de restrição de circulação e transferência do bem, a averbação da indisponibilidade e busca e apreensão, a expedição de certidão de busca e apreensão extrajudicial, além de permitir ao credor ou mesmo terceiros por ele indicados a realização de diligências para a localização do bem.

A apreensão, em si, será efetuada pelo oficial da serventia extrajudicial, promovendo-se a baixa dos gravames em seguida para que o credor possa efetivamente dispor do bem. Assegurando os direitos do devedor e a razoabilidade do procedimento defendida no início deste trabalho, assegura a lei ao devedor "*o direito de pagar a integralidade da dívida pendente, segundo os valores apresentados pelo credor fiduciário no seu requerimento, hipótese na qual será cancelada a consolidação da propriedade e restituída a posse plena do bem*" (art. 8-C, § 9º).

Ademais, o § 11 do art. 8-C, respeitando o princípio da inafastabilidade da tutela jurisdicional (art. 5º, XXXV, da Constituição Federal), assegura ao devedor fiduciante que o procedimento extrajudicial não o impedirá de usar o processo judicial. Dessa forma, inquestionável a plena possibilidade de controle judicial do procedimento de busca e apreensão extrajudicial, mesmo com o advento da Lei 14.711/2023.

Neste ponto, importante destacar o ajuizamento, pela Associação dos Magistrados Brasileiros (AMB), em 14/02/2024, da Ação Direta de Inconstitucionalidade (ADI) 7.601, requerendo "*a nulidade, por vício de inconstitucionalidade dos artigos 8-B, 8-C, 8-D e 8-E, inseridos no Decreto-Lei 911/1969, pelo art. 6º da Lei 14.711/2023, do art. 9º (que instituiu a execução extrajudicial dos créditos garantidos por hipoteca) e do art. 10º (que instituiu a execução extrajudicial da garantia imobiliária em concurso de credores) da mesma Lei 14.711/2023*".

Segundo a AMB, seria indevido afastar do Poder Judiciário a apreciação de casos que envolvam o descumprimento de contrato, com possibilidade de perda de posse e propriedade de bens, sob pena de violação aos direitos e garantias constitucionais que dizem respeito à propriedade, ao devido processo legal e até mesmo à inviolabilidade da intimidade e da vida privada. Conforme constou da inicial da ADI, especificamente em relação aos seus questionamentos em face das alterações no Decreto-Lei 911/1969:

> A lei está permitindo, pois, a perda da posse de bem móvel, mediante procedimento que a Constituição exige a prévia autorização judicial (CF, art. 5º, XI), vale dizer, mediante o procedimento de "busca e

> apreensão" privada, sem observância do princípio da reserva de jurisdição (CF, art. 5º, XI e XXXV) e com ofensa à garantia da inviolabilidade da intimidade e da vida privada (CF., art. 5º, X).
>
> (...)
>
> Da mesma forma, a criação de um modelo de busca e apreensão privada, com procedimento de monitoramento do devedor, viola o princípio da intimidade e da vida privada, da "reserva da jurisdição" e da "inviolabilidade da casa" (CF., art. 5º, XXV e XI), que não admite a perda da "posse" de bens móveis por meio de "busca e apreensão" privada.
>
> (...)
>
> E a possibilidade de realização de investigação particular para localização de bens que estão sob a posse do devedor configura, inarredavelmente, também a ofensa à garantia da inviolabilidade da intimidade e da vida privada (CF., art. 5º, XI), se não for precedida de decisão jurisdicional.

Não obstante a aplicação do rito abreviado previsto no art. 12 da Lei 9.868/1999 pelo Relator, Min. Dias Toffoli, ainda não foi apreciado o pedido cautelar de suspensão dos efeitos dos dispositivos impugnados, já tendo sido admitida a participação de diversas entidades sociais como *amicus curiae*, entre elas a Associação dos Notários e Registradores do Brasil (Anoreg).

Assim como diversos outros instrumentos que vêm sendo criados pelo legislador, consideramos que as inclusões promovidas pela Lei 14.711/2023 no Decreto-Lei 911/1969 possuem o nítido intento de desafogar o Poder Judiciário e aumentar a celeridade dos procedimentos visando à pacificação social, que também se afiguram como direitos fundamentais dos cidadãos (art. 5º, LXXVIII, da Constituição Federal).

Por outro lado, demonstrou-se que a adoção pelo procedimento extrajudicial por uma das partes interessadas não afasta a possibilidade de que a outra parte – ou mesmo aquela que deu início ao procedimento – recorra ao Poder Judiciário na busca da defesa de direitos que acredite estarem sendo violados. Inclusive no que se refere ao rito procedimental previsto na legislação.

Consideramos que somente com o amadurecimento – e mesmo controle judicial – dos trâmites previstos é que a efetiva finalidade almejada pelo legislador será alcançada. E será benéfica para toda a sociedade. Inclusive para aqueles que jamais venham a estar envolvidos em procedimentos desta natureza, mas que poderão contar com um Judiciário mais célere em qualquer que seja a demanda judicial em que seja parte.

4. CONCLUSÃO

A busca e apreensão extrajudicial em contratos de alienação fiduciária se destaca como instrumento essencial para a proteção do crédito e a preservação da segurança jurídica nas relações contratuais. Contudo, sua aplicação exige um equilíbrio delicado entre os interesses do credor e a proteção dos direitos fundamentais do devedor. O procedimento, embora concebido para ser célere e eficaz, encontra desafios significativos, especialmente no que se refere à observância das formalidades legais e à garantia de que sua execução não viole princípios. Assim, o instituto deve ser utilizado de forma criteriosa, evitando abusos que possam comprometer sua legitimidade.

O caráter extrajudicial da busca e apreensão, embora represente importante evolução no sistema jurídico brasileiro, demanda atenção quanto à necessidade de controle e fiscalização. A ausência de intervenção judicial prévia impõe ao credor – e aos oficiais de registro envolvidos no procedimento – a responsabilidade de agir com ética e de respeitar rigorosamente os requisitos legais, tais como a notificação prévia e a comprovação da mora.

O descumprimento dessas exigências pode não apenas invalidar o procedimento, mas também gerar impactos negativos sobre a confiança nas relações contratuais, comprometendo a estabilidade econômica e jurídica que a alienação fiduciária busca assegurar. Além disso, o procedimento deve ser analisado à luz de um contexto social mais amplo, considerando o impacto que a retomada de bens essenciais pode ter sobre o devedor e sua família.

A proteção da dignidade humana e a preservação do mínimo existencial são aspectos que não podem ser ignorados na execução da busca e apreensão, especialmente em um cenário de desigualdades econômicas. Embora o instituto seja legítimo e necessário, é fundamental que ele não seja utilizado de maneira a desconsiderar as peculiaridades de cada caso, evitando consequências desproporcionais e injustas.

Nesse contexto, a busca por soluções conciliatórias e a valorização de alternativas como a renegociação de dívidas são práticas que devem ser incentivadas entre as partes. O diálogo entre credor e devedor pode reduzir os conflitos, ao mesmo tempo em que promove um ambiente de maior cooperação e equilíbrio nas relações contratuais. Essa abordagem não apenas minimiza os impactos negativos do procedimento, mas também contribui para a manutenção de uma relação contratual saudável e sustentável, em consonância com os princípios que regem o Direito Contratual contemporâneo.

Por fim, a busca e apreensão extrajudicial em contratos de alienação fiduciária, apesar de sua relevância no cenário jurídico e econômico, exige constante aperfeiçoamento e uma aplicação prudente. A conjugação entre eficiência procedimental e respeito aos direitos fundamentais é indispensável para que o instituto atenda aos seus objetivos sem comprometer a justiça e a equidade nas relações contratuais.

Assim, é imperativo que o sistema jurídico continue evoluindo, promovendo um equilíbrio que atenda tanto aos interesses dos credores quanto às necessidades e garantias dos devedores, fortalecendo, assim, a segurança e a confiança no crédito. As alterações trazidas pela Lei 14.711/2023 ao Decreto-Lei 911/1969 nos parecem contribuir para o aprimoramento desse equilíbrio, mas reforçam a necessidade de foco também na condição do devedor fiduciante.

REFERÊNCIAS

ASSOCIAÇÃO DOS MAGISTRADOS BRASILEIROS (AMB). Ação Direta de Inconstitucionalidade (ADI) nº 7601. Disponível em: https://www.amb.com.br.

BRASIL. Código Civil (Lei nº 10.406, de 10 de janeiro de 2002). Diário Oficial da União, 10 jan. 2002.

BRASIL. Código de Defesa do Consumidor (Lei nº 8.078, de 11 de setembro de 1990). Diário Oficial da União, 11 set. 1990.

BRASIL. Constituição (1988). Constituição da República Federativa do Brasil. Brasília, DF: Senado Federal, 1988.

BRASIL. Decreto-Lei nº 911, de 1º de outubro de 1969. Dispõe sobre a alienação fiduciária em garantia e dá outras providências. Diário Oficial da União, 1º out. 1969.

BRASIL. Lei nº 9.868, de 10 de novembro de 1999. Regula o processo de controle de constitucionalidade, e dá outras providências. Diário Oficial da União, 10 nov. 1999.

BRASIL. Lei nº 14.711, de 31 de outubro de 2023. Institui o Marco Legal das Garantias e dá outras providências. Diário Oficial da União, 31 out. 2023.

FARO, Alexandre Gereto de Mello. Regime jurídico da alienação fiduciária em garantia e alienação fiduciária de ações. Dissertação de Mestrado. São Paulo: PUC/SP, 2016.

FARIAS, Cristiano Chaves de; ROSENVALD, Nelson. Curso de direito civil: obrigações. 10. ed. rev. e atual. Salvador: Ed. JusPodivm, 2016.

SUPERIOR TRIBUNAL DE JUSTIÇA (STJ). Agravo Interno no Recurso Especial nº 1.829.405/DF. Relatora Ministra Maria Isabel Gallotti. Quarta Turma. Julgado em 18 maio 2020. Disponível em: https://www.stj.jus.br.

SUPERIOR TRIBUNAL DE JUSTIÇA (STJ). REsp n. 1.951.888/RS, rel. Min. João Otávio de Noronha, Segunda Seção, julgado em 9/8/2023. Disponível em: https://www.stj.jus.br.

TRIBUNAL DE JUSTIÇA DE MINAS GERAIS (TJMG). Agravo de Instrumento-Cv nº 1.0000.24.243388-6/001. Relator: Des. Tiago Gomes de Carvalho Pinto. 16ª Câmara Cível Especializada. Julgamento: 20 ago. 2024.

TRIBUNAL DE JUSTIÇA DE MINAS GERAIS (TJMG). Incidente de Resolução de Demandas Repetitivas nº 0327953-67.2016.8.13.0000. Julgado em 26 fev. 2018.

TRIBUNAL DE JUSTIÇA DE SÃO PAULO (TJSP). Agravo de Instrumento nº 2010133-96.2025.8.26.0000. Relator: Luiz Eurico. 33ª Câmara de Direito Privado. Julgamento: 24 fev. 2025.

E-NOTARIADO E SISTEMAS ELETRÔNICOS COMO FACILITADORES DOS PROCEDIMENTOS

YARA JORDÂNIA ALVES

INTRODUÇÃO

A pandemia da Covid-19, que surgiu repentinamente em 2019, impactou profundamente todos os aspectos da vida cotidiana. A necessidade de distanciamento social não apenas alterou a forma como nos relacionamos, mas também forçou uma reavaliação das dinâmicas de trabalho e comunicação. Com o fechamento de empresas e a suspensão de atividades presenciais, muitos profissionais e organizações tiveram que buscar soluções rápidas e eficazes para se adaptar a essa nova realidade.

A utilização de ferramentas digitais se tornou essencial. Aplicativos de videoconferência, como Zoom e Teams, permitiram que as reuniões fossem mantidas, possibilitando a continuidade do trabalho mesmo à distância. O WhatsApp se transformou em um canal vital para a comunicação rápida e direta, enquanto plataformas como Instagram e LinkedIn serviram para a manutenção de redes de contato e promoção de serviços em um mercado cada vez mais digital.

Além disso, o home office se consolidou como alternativa viável para diversas categorias profissionais, proporcionando flexibilidade e nova forma de equilíbrio entre vida pessoal e trabalho. No entanto, essa transição também trouxe desafios, como a necessidade de adaptação a novas rotinas, o gerenciamento do tempo e a manutenção da produtividade em um ambiente doméstico.

Nesse contexto, os empresários se viram obrigados a inovar em suas estratégias de negócios, buscando alternativas de receita e formas de engajar o consumidor. Os profissionais de saúde, por sua vez, intensificaram o uso das tecnologias para disseminar informações e orientações sobre a Covid-19, utilizando as redes sociais para alcançar um número maior de pessoas.

No ambiente jurídico não foi diferente. Com a pandemia, os Tribunais não tiveram outra opção senão acelerar a virtualização dos processos físicos existentes em seus acervos, de modo a possibilitar o acesso remoto por advogados, partes, servidores e magistrados aos documentos de forma simultânea e, principalmente, segura por meio, por exemplo, do Processo Judicial Eletrônico (Pje[115]).

Outras medidas também foram necessárias para a continuidade dos atos processuais, visto que as audiências e sessões de julgamentos que, ainda, contavam com a presença física das partes, dos advogados e magistrados, passaram a ser realizadas por videoconferência, mantendo a distância social adequada e segura para a integridade da saúde pública.

A virtualização dos processos também ocasionou, indiretamente, diversos impactos na sociedade: amplitude do acesso à justiça; transparência nos atos proferidos; economia de recursos; armazenamento de forma segura e de fácil acesso, trazendo celeridade na tramitação dos processos. Inclusive pelo fato de todos os documentos poderem ser acessados pelos advogados de forma eletrônica e simultânea, sem a necessidade de aguardar a disponibilização dos autos na serventia.

De igual modo, a esfera administrativa também precisou se adequar aos meios eletrônicos, visto que as serventias extrajudiciais não

---

115 O Pje já estava sendo desenvolvido há anos, sendo oficialmente instituído em 10.03.2015, através da Portaria nº 26/2015 do Conselho Nacional da Justiça (CNJ), passando por diversas melhorias e adaptações ao longo dos anos.

poderiam suspender suas atividades por também se tratar de atividade essencial ao público. Tornou-se necessária a implementação de sistemas facilitadores de acesso aos usuários e aos oficiais de registro e tabeliões de forma segura. Como exemplo, temos o Sistema Eletrônico de Registros Públicos (SERP) e o Sistema de Registro Eletrônico de Imóveis (SEREI).

Isso devido à relevância que as serventias extrajudiciais desempenham na vida dos cidadãos, que, desde seu nascimento, passando pelo casamento e óbito, e englobando ações necessárias para a realização de negócios jurídicos, precisam ter seus atos registrados, validados ou autenticados pelos cartórios de registro ou de notas.

Diante disso, os atos realizados pelas serventias extrajudiciais não poderiam ter suas atividades totalmente suspensas durante a pandemia. Tampouco poderiam os serventuários correrem o risco de transmitirem ou serem contagiados. Tal situação, também fez com que ocorresse de forma mais célere a implementação de meios eletrônicos no âmbito extrajudicial, capazes de realizar procedimentos de forma remota e segura, sem a necessidade de o usuário deslocar-se até a sede da serventia.

Nesse viés, através do (atualmente revogado) Provimento CNJ 100/2020, houve a implementação de medidas capazes de garantir a prestação jurisdicional dos serviços extrajudiciais no contexto da pandemia, evitando o contágio pelo vírus e facilitando a operacionalização dos trabalhos de forma eletrônica e o acesso remoto pelo E-notariado.

Assim, o presente artigo demonstrará as principais implementações realizadas nas serventias extrajudiciais que facilitaram a prestação de serviço aos usuários de forma eletrônica. Principalmente a implementação do sistema E-Notariado e o impacto social ocasionado na vida do usuário e dos tabeliães.

I. DA IMPLEMENTAÇÃO DOS SISTEMAS ELETRÔNICOS NAS SERVENTIAS EXTRAJUDICIAIS

Em 2001, a Medida Provisória 2.200-2, "*instituiu a infra-estrutura de Chaves Públicas Brasileira – ICP-BRASIL*", de modo a "*garantir a autenticidade, a integridade e a validade jurídica de documentos em forma eletrônica, das aplicações de suporte e das aplicações habilitadas que utilizem certificados digitais, bem como a realização de transações eletrônicas seguras*".

A utilização desta ferramenta promoveu maior segurança e confiabilidade às assinaturas realizadas por meio eletrônico, visto que o certificado digital se equipara como 'identidade' para a pessoa física ou jurídica, reduzindo o risco de fraudes.

Anos depois, houve a publicação da Lei 11.419/06, que dispõe sobre a informatização do processo judicial, possibilitando o envio de petições/recursos e prática de atos processuais por meio eletrônico, sendo admitido o uso de assinatura eletrônica. Inclusive, fora fixado aos magistrados o cadastramento em sistemas eletrônicos (SIBAJUD, RENAJUD, INFOJUD e outros), de modo a facilitar o envio de pedido de penhora online, consoante decisão do Supremo Tribunal Federal:

> CONSTITUCIONAL. MANDADO DE SEGURANÇA. CONSELHO NACIONAL DE JUSTIÇA. ATRIBUIÇÕES. ART. 103-B DA CF. EXPEDIÇÃO DE ATOS REGULAMENTARES. DETERMINAÇÃO AOS MAGISTRADOS DE PRÉVIO CADASTRAMENTO NO SISTEMA "BACENJUD". COMANDO ABSTRATO. CONSTITUCIONALIDADE. PRESERVAÇÃO DOS PRINCÍPIOS DA LIBERDADE DE CONVICÇÃO E DA PERSUASÃO RACIONAL. SEGURANÇA DENEGADA. I – O art. 103-B da Constituição da República, introduzido pela Emenda Constitucional 45/2004, dispõe que o Conselho Nacional de Justiça é órgão com atribuições exclusivamente administrativas e correicionais, ainda que, estruturalmente, integre o Poder Judiciário. II – No exercício de suas atribuições administrativas, encontra-se o poder de "expedir atos regulamentares". Esses, por sua vez, são atos de comando abstrato que dirigem aos seus destinatários comandos e obrigações, desde que

inseridos na esfera de competência do órgão. III – O Conselho Nacional de Justiça pode, no lídimo exercício de suas funções, regulamentar condutas e impor a toda magistratura nacional o cumprimento de obrigações de essência puramente administrativa. IV – A determinação aos magistrados de inscrição em cadastros ou sítios eletrônicos, com finalidades estatística, fiscalizatória ou, então, de viabilizar a materialização de ato processual insere-se perfeitamente nessa competência regulamentar. V – Inexistência de violação à convicção dos magistrados, que remanescem absolutamente livres para determinar ou não a penhora de bens, decidir se essa penhora recairá sobre este ou aquele bem e, até mesmo, deliberar se a penhora de numerário se dará ou não por meio da ferramenta denominada "BACENJUD". VI – A necessidade de prévio cadastramento é medida puramente administrativa que tem, justamente, o intuito de permitir ao Poder Judiciário as necessárias agilidade e efetividade na prática de ato processual, evitando, com isso, possível frustração dos objetivos pretendidos, dado que o tempo, no processo executivo, corre em desfavor do credor. VII – A "penhora on line" é instituto jurídico, enquanto "BACENJUD" é mera ferramenta tendente a operacionalizá-la ou materializá-la, através da determinação de constrição incidente sobre dinheiro existente em conta-corrente bancária ou aplicação financeira em nome do devedor, tendente à satisfação da obrigação. VIII Ato administrativo que não exorbita, mas, ao contrário, insere-se nas funções que constitucionalmente foram atribuídas ao CNJ. IX – Segurança denegada. (MS 27.621, Relator(a): CÁRMEN LÚCIA, Relator(a) p/ Acórdão: RICARDO LEWANDOWSKI, Tribunal Pleno, julgado em 07-12-2011, ACÓRDÃO ELETRÔNICO DJe-092 DIVULG 10-05-2012 PUBLIC 11-05-2012 RTJ VOL-00228-01 PP-00326)

Com isso, ficou cada vez mais clara a necessidade de implantar centrais de serviços eletrônicos nos diversos âmbitos da atividade jurídica, seja judicial ou extrajudicial. Em especial, destaca-se a instituição da Central de Informações de Registro Civil das Pessoas Naturais (CRC[116]) com o objetivo de:

I. interligar os Oficiais de Registro Civil das Pessoas Naturais, permitindo o intercâmbio de documentos eletrônicos e o tráfego de informações e dados;

116 Regulamentado pelo Provimento nº 46/2015 - revogado pelo provimento nº 149/2023.

II. aprimorar tecnologias para viabilizar os serviços de registro civil das pessoas naturais em meio eletrônico;
III. implantar, em âmbito nacional, sistema de localização de registros e solicitação de certidões;
IV. possibilitar o acesso direto de órgãos do Poder Público, mediante ofício ou requisição eletrônica direcionada ao Oficial competente, às informações do registro civil das pessoas naturais;
V. possibilitar a interligação com o Ministério das Relações Exteriores, mediante prévia autorização deste, a fim de obter os dados e documentos referentes a atos da vida civil de brasileiros ocorridos no exterior, bem como possibilitar às repartições consulares do Brasil a participação no sistema de localização de registros e solicitação de certidões do registro civil das pessoas naturais.
Parágrafo único. Os Oficiais de Registro Civil das Pessoas Naturais, pessoalmente, ou por meio das Centrais de Informações do Registro Civil – CRC, devem fornecer meios tecnológicos para o acesso das informações exclusivamente estatísticas à Administração Pública Direta, sendo-lhes vedado o envio e repasse de dados de forma genérica, que não justifiquem seu fim, devendo respeitar-se o princípio e a garantia previstos no inciso X do art. 5° da Constituição Federal de 1988.

De modo particular, no âmbito do Estado de Minas Gerais, o Sindicato dos Oficiais de Registro Civil de Minas Gerais, implementou a Central de informação do Registro Civil de Minas Gerais (CRC-MG[117]), regulamentada pela Portaria 260/2013, da Corregedoria Geral de Justiça de Minas Gerais (CGJ-MG), com o intuito de armazenar e atualizar todas as informações sobre os atos lavrados nos cartórios de registro civil do Estado, possibilitando aos usuários a busca e emissão da segunda via das certidões de nascimento, casamento ou óbito.

De modo geral, os usuários contam com o Portal de Registro Civil[118], que possibilita a emissão e busca das referidas certidões em todo o território brasileiro, de forma prática e rápida, optando por obter a segunda via na versão digital ou física.

117 Disponível em: https://registrocivilminas.org.br/e-civil/pages/principal.jsf
118 Disponível em: <https://registrocivil.org.br/>

No âmbito dos cartórios de registros de imóveis, contamos com o Operador Nacional do Sistema de Registro Eletrônico de Imóveis (ONR)[119], que integra todos os Estados brasileiros, permitindo que o usuário realize qualquer procedimento, como emissão de certidões, busca por informações sobre imóveis, registro ou averbação de atos, entre outros serviços, apenas com alguns cliques.

No tocante aos cartórios de Títulos e Documentos, houve a publicação do Provimento 48/2016, estabelecendo diretrizes gerais para o sistema de registro eletrônico de títulos e documentos, das pessoas civis e jurídicas.

Ainda, com a desjudicialiazação dos procedimentos de divórcio e inventário, sobressaíram-se a Central Eletrônica Notarial de Serviços Compartilhados (CENSEC)[120] e a Consulta de Escritura de Separação, Divórcios e Inventários (CESDI), que permitem a busca dos atos lavrados nas serventias, evitando a duplicidade dos documentos.

Para tanto, o Provimento 100/2020 – alterado pelo Provimento 149/2023 – dispõe *"sobre a prática de atos notariais e eletrônicos utilizando o sistema e-Notariado, cria a Matrícula Notarial Eletrônica e dá outras providências"*. A ferramenta foi essencial para manter os serviços notariais durante a pandemia, contribuindo para o desenvolvimento digital da atividade extrajudicial.

Isto porque, até agosto de 2024, foram realizados mais de 1,7 milhão de atos pela plataforma eletrônica, representando 42% do total de atos realizados em cartórios de notas no país, conforme dados apontados pelo Colégio Notarial do Brasil – Conselho Nacional (CNB/CF)[121].

No mundo em que a comunicação se concentra no âmbito virtual, essencial zelar cada vez mais pelo atendimento eletrônico

119 Instituído pelo Provimento nº 47/2015 do CNJ, posteriormente revogado pelo Provimento nº 89/2019, o qual estabelece diretrizes para o sistema de registro eletrônico de imóveis. Atualmente, regulamentado pelo Provimento nº 170/2024.
120 Disponível em: <https://censec.org.br/>
121 Disponível em: < https://www.notariado.org.br/cartorios-de-notas-42-dos-atos-de-forma-on-line-no-brasil/>

como regra e o presencial como exceção. Assim fez o CNJ ao regulamentar a implementação de portais eletrônicos, os quais asseguram as informações ali existentes, bem como atribui ao usuário maior autonomia em suas buscas e negociações.

Ademais, conforme afirma Bacellar[122], os cartórios são extremamente importantes para a segurança jurídica e para a sociedade, visto que:

> "São os cartórios os grandes responsáveis pela atribuição da segurança jurídica nos negócios e nos atos jurídicos da população. A aquisição de direitos e deveres se dá por meio dos registros realizados nos cartórios. Um exemplo simples e prático é o registro de imóveis que garante a um comprador que o imóvel negociado por ele realmente pode ser comercializado."

Assim como o registro de imóveis garante ao comprador a aquisição de imóvel devidamente transacionado, o cartório de notas garante a elaboração e emissão de escrituras públicas de forma célere, segura e, agora, digital.

2. DA FUNCIONALIDADE DO E-NOTARIADO

A *priori*, necessário citar a Lei dos Cartórios (Lei 8.935/94), que regulamenta o art. 236 da Constituição Federal, e define, em seu art. 1°: "Serviços notariais e de registro são os de organização técnica e administrativa destinados a garantir a publicidade, autenticidade, segurança e eficácia dos atos jurídicos."

Estabelece em seu art. 7°, as competências exclusivas dos tabelionatos de notas, sendo elas: lavrar escrituras e procurações públicas, lavrar testamentos públicos e aprovar os cerrados, atas notariais, reconhecer firma e autenticar cópias, entre outras previstas nos Códigos de Normas Estaduais.

122 BACELLAR, Rogério Portugal. A função social de notários e registradores. São Paulo, 07 set. 2011. Disponível em: https://www.gazetadopovo.com.br/opiniao/artigos/a-funcao-social-de-notarios-e-registradores-bskxx9e-p2y44etb7x4mp49w7i/. Acesso em: 20 de janeiro de 2025.

Com base na essencialidade de seus serviços, houve a implementação da plataforma E-notariado (Provimento 100/2020), gerida pelo Colégio Notarial do Brasil – Conselho Federal, conectando os usuários aos serviços oferecidos pelos cartórios de notas em todo o território brasileiro, de forma remota.

Ao acessar o site, o usuário poderá formalizar procurações, escritura pública, ata notarial, inventário, entre outros serviços, em poucos passos, sendo estabelecido pelo Código Nacional de Normas (Provimento 149/2023) os requisitos para a prática do ato eletrônico, assim elencados:

> Art. 286. São requisitos da prática do ato notarial eletrônico:
>
> I — videoconferência notarial para captação do consentimento das partes sobre os termos do ato jurídico;
> II — concordância expressada pelas partes com os termos do ato notarial eletrônico;
> III — assinatura digital pelas partes, exclusivamente por meio do e-Notariado;
> IV — assinatura do tabelião de notas com a utilização de certificado digital ICP-Brasil; e
> V — uso de formatos de documentos de longa duração com assinatura digital.
> Parágrafo único. A gravação da videoconferência notarial deverá conter, no mínimo:
> a) a identificação, a demonstração da capacidade e a livre manifestação das partes atestadas pelo tabelião de notas;
> b) o consentimento das partes e a concordância com a escritura pública;
> c) o objeto e o preço do negócio pactuado;
> d) a declaração da data e horário da prática do ato notarial; e
> e) a declaração acerca da indicação do livro, da página e do tabelionato em que será lavrado o ato notarial.

Dessa forma, é possível ao tabelião de notas colher a vontade das partes para a celebração do ato, sem a necessidade da presença física, visto ser realizado por videoconferência, sendo a sessão gravada, contendo data, horário de início e o nome completo dos participantes. Ao final, de modo a assegurar as partes sobre o conteúdo do documento, é realizada a leitura do ato em sua integra, sendo os documentos posteriormente encaminhados via e-mail para validação e assinatura digital.

A assinatura poderá ser realizada pelo certificado digital ICP-Brasil ou o certificado digital e-Notariado, podendo a parte obtê-lo junto aos cartórios credenciados no "E-not assina" de forma gratuita e com validade de dois anos. Os efeitos do ato ocorrem imediatamente após a assinatura do documento.

A possibilidade de realização desses procedimentos de forma totalmente on-line, facilitou muito a vida do usuário, o qual poderá lavrar atos estando em qualquer lugar do território brasileiro ou mesmo do exterior sem se deslocar até a serventia para concretizar o procedimento.

Tal situação pode ser mais bem visualizada quando a parte envolvida reside no exterior e seus documentos devem vir acompanhados de chancela consular brasileira ou apostilamento. Cita-se alguns exemplos:

> SENTENÇA ESTRANGEIRA 4.999 – EX (2009/0190965-6)
> DESPACHO
> Intime-se a parte requerente para que, em 15 dias, regularize a representação processual, providenciando a chancela consular brasileira ou apostila na procuração de fl. 99, uma vez que subscrita no exterior (arts. 1º e 3º da Convenção de Haia sobre a Eliminação da Exigência de Legalização de Documentos Públicos Estrangeiros, c/c os arts. 2º e 3º da Resolução CNJ 228/2016).
> Alternativamente, a requerente poderá apresentar novo instrumento de mandato, subscrito no Brasil, ou providenciar a lavratura da procuração de forma virtual, por intermédio da plataforma eletrônica do E-Notariado, gerido pelo Colégio Notarial do Brasil – Conselho Federal.
> Decorrido o prazo sem resposta, arquivem-se os autos nos termos do art. 216-E, parágrafo único, do RISTJ.

Publique-se.
Brasília, 09 de dezembro de 2024.
Ministro Herman Benjamin
Presidente
(SE 4.999, DJEN de DJEN 17/12/2024)

HOMOLOGAÇÃO DE DECISÃO ESTRANGEIRA 11.299 – EX (2024/0474265-9)
DESPACHO
Trata-se de Ação de Homologação de Decisão Estrangeira ajuizada por R. B. de O. diante de R. S. J., cujo objeto é sentença de divórcio oriunda do Tribunal Civil Regional da Basiléia-Campo Oeste, Suíça
Intime-se a requerente para que, no prazo de 60 dias, providencie a juntada da chancela consular brasileira ou da apostila da procuração de fl. 6, uma vez que subscritas no exterior.
Alternativamente, as partes poderão providenciar a lavratura de procuração de forma virtual, por intermédio da plataforma eletrônica do E-Notariado, gerido pelo Colégio Notarial do Brasil – Conselho Federal. Ressalte-se que essa regularização documental é imprescindível à aferição da autenticidade da assinatura de documento que foi subscrito no exterior.
Após o cumprimento dessa determinação, remetam-se os autos ao Ministério Público Federal para que se manifeste, nos termos do art. 216-L do RISTJ, sobre o pedido de homologação.
Publique-se.
Brasília, 06 de janeiro de 2025.
Ministro Herman Benjamin
Presidente
(HDE 11.299, DJEN de DJEN 08/01/2025)

Com a implementação do sistema E-notariado, ao invés de obter a chancela consular ou o apostilamento, as partes podem realizar o ato pela plataforma, sem a necessidade de submeter os documentos a outros procedimentos, concluindo o ato de forma rápida, prática e segura.

Assim, vislumbra-se que, entre os benefícios do E-notariado estão a redução da necessidade de deslocamentos aos cartórios, maior agilidade no processo de formalização de documentos, redução de custos operacionais e maior conveniência para os cidadãos e empresas. Principalmente das pessoas com idade avançada ou 'portador de deficiência'.

Contudo, embora a plataforma tenha desempenhado um papel fundamental no avanço tecnológico da sociedade, facilitando a realização de atos à distância, sua aceitação ainda é obstaculizada por preocupações sociais relacionadas à segurança cibernética e à proteção de dados pessoais.

A rapidez e a conveniência oferecidas por essas tecnologias muitas vezes são ofuscadas pelo receio de violações de privacidade e de fraudes digitais, o que gera uma desconfiança generalizada entre os usuários. Em pesquisa realizada no Estado do Ceará[123], analisou-se as intenções de uso da tecnologia e as variáveis expectativas de desempenho, esforço, influência social e condições facilitadores.

O estudo demonstrou diferenças estatísticas ao comparar níveis de escolaridade com as condições facilitadoras, sendo evidenciado que pessoas com nível superior apresentam maior índice de condições facilitadoras. Também, observou-se que as pessoas com idade superior a 40 anos, possuem menor nível de aceitação pelo uso da tecnologia em relação as pessoas de idade inferior.

Essa realidade evidencia a necessidade de um equilíbrio entre inovação e segurança, onde a confiança dos cidadãos deve ser conquistada por meio de medidas robustas de proteção e transparência, garantindo que os benefícios da digitalização não venham à custa da integridade e da segurança das informações pessoais.

Assim, a construção de um ambiente digital mais seguro se torna essencial para que a plataforma possa ser plenamente adotada e utilizada em sua totalidade.

---

123 INOVAÇÃO NO USO E ACEITAÇÃO DE NOVA TECNOLOGIA EM CARTÓRIOS". Disponível em: https://revista.ibict.br/p2p/article/view/6123/5870

CONCLUSÃO

Diante disso, conclui-se que a pandemia, apesar de seus impactos devastadores, acelerou a transformação digital e a inovação em diversos setores, mostrando que a adaptação e a resiliência são essenciais em tempos de crise. A experiência gerada por esse momento histórico pode servir como aprendizado para futuras situações adversas, reforçando a importância da tecnologia como aliada em nossas vidas e trabalhos.

Essa importância tornou-se evidente com a definitiva adoção de sistemas eletrônicos, que têm promovido significativa revolução nos procedimentos notariais e registrais, proporcionando agilidade, segurança e transparência. Esses avanços tecnológicos não apenas simplificam o acesso aos serviços cartorários, mas fortalecem a confiança nas transações, reduzindo a burocracia e os custos associados.

À medida que a digitalização avança, essencial que os profissionais da área se adaptem a essas novas ferramentas, garantindo a integridade e a autenticidade dos atos notariais. Nesse contexto, o E-notariado surge como solução estratégica, oferecendo um ambiente mais eficiente e acessível, que atende às demandas da sociedade moderna.

Assim, podemos vislumbrar cenário onde inovação e tradição coexistem, aprimorando a maneira como interagimos e realizamos negócios e atos jurídicos no mundo digital. É cada vez mais necessário estudar novas formas de preservar essas características sem comprometer a segurança jurídica nas ações dos tabeliões.

REFERÊNCIAS

MINISTÉRIO DA SAÚDE. Covid-19. Disponível em: < https://www.gov.br/saude/pt-br/assuntos/saude-de-a-a-z/c/covid-19>. Acesso em: 04 de fevereiro de 2025.

CONSELHO NACIONAL DE JUSTIÇA. Sistema de Registro Eletrônico de imóveis. Disponível em: <https://www.cnj.jus.br/sistemas/srei/#:~:text=O%20Sistema%20de%20Registro%20Eletr%C3%B4nico,Eletr%C3%B4nico%20de%20Im%C3%B3veis%20(ONR).> Acesso em: 04 de fevereiro de 2025.

CONSELHO NACIONAL DE JUSTIÇA. Sistema Eletrônico de Registro Público. Disponível em: https://www.cnj.jus.br/corregedoriacnj/extrajudicial/sistema-eletronico-dos-registros-publicos-serp/. Acesso em: 04 de fevereiro de 2025.

CONSELHO NACIONAL DE JUSTIÇA. Processo Judicial Eletrônico. Disponível em: https://www.cnj.jus.br/programas-e-acoes/processo-judicial-eletronico-pje/historico/. Acesso em: 04 de fevereiro de 2025.

Brasília. Portaria 26 de 10 de março de 2015 do Conselho Nacional da Justiça. Disponível em: https://atos.cnj.jus.br/atos/detalhar/atos-normativos?documento=2142. Acesso em: 04 de fevereiro de 2025.

Brasília. Provimento 100 de 26 de maio de 2020 do Conselho Nacional da Justiça. Disponível em: https://atos.cnj.jus.br/atos/detalhar/3334. Acessado em: 04 de fevereiro de 2025.

Brasília. Medida Provisória 2.200-2 de 24 de agosto de 2001. Disponível em: https://www.planalto.gov.br/ccivil_03/mpv/antigas_2001/2200-2.htm. Acesso em: 04 de fevereiro de 2025.

Brasília. Lei 11.419 de 19 de dezembro de 2006. Disponível em: https://www.planalto.gov.br/ccivil_03/_ato2004-2006/2006/lei/l11419.htm. Acesso em: 04 de fevereiro de 2025.

Brasília. Provimento 149 de 30 de agosto de 2023 do Conselho Nacional da Justiça. Disponível em: https://atos.cnj.jus.br/atos/detalhar/5243. Acesso em: 02 de fevereiro de 2025.

Brasília. Provimento 170, de 04 de junho de 2024 do Conselho Nacional da Justiça. Disponível em: https://atos.cnj.jus.br/atos/detalhar/5604. Acesso em: 04 de fevereiro de 2025.